季羡林·沉思录

暮年沉思录

季羡林 著

中国财经出版传媒集团
中国财政经济出版社

图书在版编目（CIP）数据

季羡林暮年沉思录 / 季羡林著. -- 北京：中国财政经济出版社，2017.11
（季羡林沉思录）
ISBN 978-7-5095-7862-9

Ⅰ. ①季… Ⅱ. ①季… Ⅲ. ①散文集-中国-当代 Ⅳ. ①I267

中国版本图书馆CIP数据核字(2017)第280774号

出版人：黄琦
项目统筹：党海鹏　王芝文
策划人：崔岱远
选编者：王佩芬
责任编辑：崔岱远　樊清玉
特约编辑：李强　李淼
装帧设计：刘洋
责任印制：刘志豪
推广总监：张丽萍
责任校对：李丽

中国财政经济出版社 出版
URL：http://www.cfeph.cn
E-mail：cfeph@cfeph.cn
（版权所有　翻印必究）
社址：北京市海淀区阜成路甲28号　邮政编码：100142
营销中心电话：88190406
北京新华印刷有限公司印刷　各地新华书店经销
710×1000毫米　16开　19印张　210 000字
2017年11月第1版　2017年11月北京第1次印刷
定价：39.00元
ISBN 978-7-5095-7862-9
（图书出现印装问题，本社负责调换）
本社质量投诉电话：010-88190744
打击盗版举报热线：010-88190414　QQ：447268889

目录

老有所思

- 人生的意义与价值 ... 3
- 人生 ... 5
- 再谈人生 ... 7
- 三论人生 ... 9
- 不完满才是人生 ... 11
- 漫谈人生 ... 14
- 人生箴言 ... 15
- 《我的心是一面镜子》自序 ... 18
- 谈青年问题 ... 24
- 老年谈老 ... 27
- 谈老 ... 32

老年	34
谈老年	36
再谈老年	42
老少之间	44
漫谈『再少』问题	
——向普天下老年人祝贺春节	46
赞『代沟』	49
忘	53
当时只道是寻常	58
『后死者』的觉悟	
——怀念衍梁	60
老马识途	65
迎春杂感	67

新年述怀	70
八十述怀	72
1995 年元旦抒怀	
——求仁而得仁，又何怨！	78
虎年抒怀	81
百年回眸	88
世纪回眸	91
梦游 21 世纪	93
豪情半怀迎新纪	97
新世纪新千年寄语	100
九三述怀	102
九十五岁初度	107

养生记道

养生无术是有术	113
老年十忌	115
长生不老	131
长寿之道	133
老年四『得』	135
睁一只眼 闭一只眼	138
《病榻杂忆》序	140
同仁医院	144
在病中	148
三进宫	190
护士长	197

白衣天使新赞	200
安装心脏起搏器	204
输液	205
目中无人	207
漫谈『毫不利己，专门利人』	210
——赠三〇一医院宋守礼大夫	
李恒进大夫	212

老有所为

新年展望	217
困难虽在目前，希望却在将来	220
祝贺与希望	222
团结起来　共同前进	225
——祝贺中国民族古文字展览开幕	

纪念印度民族运动的伟大领袖甘地	228
——记印度与世界文学国际讨论会及蚁垤国际诗歌节	236
以文会友	
一点希望	
——致《文字改革》	247
纪念陈寅恪教授国际学术讨论会闭幕词	249
祝贺《外国语》创刊十周年	255
《历史研究》创刊三十五周年祝词	257
《文史知识》百期祝词	259
一点希望	
——致藏学研究中心	262
诚挚的祝贺 热切的希望	
——祝贺《中华人民共和国学位条例》实施十周年	264
在『纪念北京大学《歌谣》周刊创刊七十周年暨俗文学学术讨论会』上的讲话（摘要）	266

在昆明『郑和研究国际会议』上的发言 ... 268

《齐鲁文化特刊》创刊祝词 ... 271

《国学研究》第二期祝词 ... 273

祝《长江画报》创刊 ... 275

关于《四库全书》
——写给《读书》杂志的两封信 ... 277

在北大外院语言学研究所成立大会上的（书面）讲话 ... 283

新世纪开始时我想做些什么 ... 286

封笔问题 ... 287

老有所思

季羡林

人生的意义与价值

当我还是一个青年大学生的时候，报刊上曾刮起一阵讨论人生的意义与价值的微风，文章写了一些，议论也发表了一通。我看过一些文章，但自己并没有参加进去。原因是，有的文章不知所云，我看不懂。更重要的是，我认为这种讨论本身就无意义，无价值，不如实实在在地干几件事好。

时光流逝，一转眼，自己已经到了望九之年，活得远远超过了我的预算。有人认为长寿是福，我看也不尽然。人活得太久了，对人生的种种相，众生的种种相，看得透透彻彻，反而鼓舞时少，叹息时多。远不如早一点离开人世这个是非之地，落一个耳根清净。

那么，长寿就一点好处都没有吗？也不是的。这对了解人生的意义与价值，会有一些好处的。

根据我个人的观察，对世界上绝大多数人来说，人生一无意义，二无价值。他们也从来不考虑这样的哲学问题。走运时，手里攥满了钞票，白天两顿美食城，晚上一趟卡拉OK，玩一点小权术，耍一点小聪明，甚至恣睢骄横，飞扬跋扈，昏昏沉沉，浑浑噩噩，等到钻入了骨灰盒，也不明白自己为什么活过一生。

其中不走运的则穷困潦倒，终日为衣食奔波，愁眉苦脸，长吁短叹。即使日子还能过得去的，不愁衣食，能够温饱，然而也终日忙忙碌碌，被困于名缰，被缚于利锁。同样是昏昏沉沉，浑浑噩噩，不知道为什么活过一生。

对这样的芸芸众生，人生的意义与价值从何处谈起呢？

我自己也属于芸芸众生之列，也难免浑浑噩噩，并不比任何人高一丝一毫。如果想勉强找一点区别的话，那也是有的：我，当然还有一些别的人，对人生有一些想法，动过一点脑筋，而且自认这些想法是有点道理的。

我有些什么想法呢？话要说得远一点。当今世界上战火纷飞，人欲横流，"黄钟毁弃，瓦釜雷鸣"，是一个十分不安定的时代。但是，对于人类的前途，我始终是一个乐观主义者。我相信，不管还要经过多少艰难曲折，不管还要经历多少时间，人类总会越变越好的，人类大同之域决不会仅仅是一个空洞的理想。但是，想要达到这个目的，必须经过无数代人的共同努力。有如接力赛，每一代人都有自己的一段路程要跑。又如一条链子，是由许多环组成的，每一环从本身来看，只不过是微末不足道的一点东西；但是没有这一点东西，链子就组不成。在人类社会发展的长河中，我们每一代人都有自己的任务，而且是绝非可有可无的。如果说人生有意义与价值的话，其意义与价值就在这里。

但是，这个道理在人类社会中只有少数有识之士才能理解。鲁迅先生所称之"中国的脊梁"，指的就是这种人。对于那些肚子里吃满了肯德基、麦当劳、比萨饼，到头来终不过是浑浑噩噩的人来说，有如夏虫不足以与语冰，这些道理是没法谈的。他们无法理解自己对人类发展所应当承担的责任。

话说到这里，我想把上面说的意思简短扼要地归纳一下：如果人生真有意义与价值的话，其意义与价值就在于对人类发展的承上启下、承前启后的责任感。

1995年

人　生

在一个"人生漫谈"①的专栏中，首先谈一谈人生，似乎是理所当然的，未可厚非的。

而且我认为，对于我来说，这个题目也并不难写。我已经到了望九之年，在人生中已经滚了八十多个春秋了。一天天面对人生，时时刻刻面对人生，让我这样一个世故老人来谈人生，还有什么困难呢？岂不是易如反掌吗？

但是，稍微进一步一琢磨，立即出了疑问：什么叫人生呢？我并不清楚。

不但我不清楚，我看芸芸众生中也没有哪一个人真清楚的。古今中外的哲学家谈人生者众矣。什么人生意义，又是什么人生的价值，花样繁多，扑朔迷离，令人眼花缭乱；然而他们说了些什么呢？恐怕连他们自己也是越谈越糊涂。以己之昏昏，焉能使人昭昭！

哲学家的哲学，至矣高矣。但是，恕我大不敬，他们的哲学同吾辈凡人不搭界，让这些哲学，连同它们的"家"，坐在神圣的殿堂里去独现辉煌吧！像我这样一个凡人，吃饱了饭没事儿的时候，有时也会想到人生问题。我觉得，我们"人"的"生"，都绝对是被动的。没有哪一个人能先制定一个诞生计划，然后再下生，一步步让计划实现。只有一个人是例外，他

---

① 指作者1996年起在上海《新民晚报》副刊"夜光杯"开设的个人专栏。

就是佛祖释迦牟尼。他住在天上，忽然想降生人寰，超度众生。先考虑要降生的国家，再考虑要降生的父母。考虑周详之后，才从容下降。但他是佛祖，不是吾辈凡人。

吾辈凡人的诞生，无一例外，都是被动的，一点主动也没有。我们糊里糊涂地降生，糊里糊涂地成长，有时也会糊里糊涂地夭折，当然也会糊里糊涂地寿登耄耋，像我这样。

生的对立面是死。对于死，我们也基本上是被动的。我们只有那么一点主动权，那就是自杀。但是，这点主动权却是不能随便使用的。除非万不得已，是决不能使用的。

我在上面讲了那么些被动，那么些糊里糊涂，是不是我个人真正欣赏这一套，赞扬这一套呢？否，否，我决不欣赏和赞扬。我只是说了一点实话而已。

正相反，我倒是觉得，我们在被动中，在糊里糊涂中，还是能够有所作为的。我劝人们不妨在吃饱了燕窝鱼翅之后，或者在吃糠咽菜之后，或者在卡拉OK、高尔夫之后，问一问自己：你为什么活着？活着难道就是为了恣睢的享受吗？难道就是为了忍饥受寒吗？问了这些简单的问题之后，会使你头脑清醒一点，会减少一些糊涂。谓予不信，请尝试之。

1996年11月9日

再谈人生

人生这样一个变化莫测的万花筒，用千把字来谈，是谈不清楚的。所以来一个"再谈"。

这一回我想集中谈一下人性的问题。

大家知道，中国哲学史上，有一个不大不小的争论问题：人是性善，还是性恶？这两个提法都源于儒家。孟子主性善，而荀子主性恶。争论了几千年，也没有争论出一个名堂来。

记得鲁迅先生说过："人的本性是，一要生存，二要温饱，三要发展。"（记错了，由我负责。）这同中国古代一句有名的话，精神完全是一致的："食色，性也。"食是为了解决生存和温饱的问题，色是为了解决发展问题，也就是所谓传宗接代。

我看，这不仅仅是人的本性，而且是一切动植物的本性。试放眼观看大千世界，林林总总，哪一个动植物不具备上述三个本能？动物姑且不谈，只拿距离人类更远的植物来说，"桃李无言"，它们不但不能行动，连发声也发不出来。然而，它们求生存和发展的欲望，却表现得淋漓尽致。桃李等结甜果子的植物，为什么结甜果子呢？无非是想让人和其他能行动的动物吃了甜果子把核带到远的或近的其他地方，落到地上，生入土中，能发芽、开花、结果，达到发展，即传宗接代的目的。

你再观察，一棵小草或其他植物，生在石头缝中，或者甚至压在石头块下，缺水少光，但是它们却以令人震惊得目瞪口呆的毅力，冲破了身上的重压，弯弯曲曲地、忍辱负重地长了出来，由细弱变为强硬，由一根细苗甚至变成一棵大树，再作为一个独立体，继续顽强地实现那三种本性。"下自成蹊"，就是"无言"的结果吧。

你还可以观察，世界上任何动植物，如果放纵地任其发挥自己的本性，则在不太长的时间内，哪一种动植物也能长满塞满我们生存的这一个小小的星球地球。那些已绝种或现在濒临绝种的动植物，属于另一个范畴，另有其原因，我以后还会谈到。

那么，为什么到现在还没有哪一种动植物——包括万物之灵的人类在内——能塞满了地球呢？

在这里，我要引老子的话："天地不仁，以万物为刍狗。"是造化小儿——谁也不知道，他究竟有没有？他究竟是什么样子？我不信什么上帝，什么天老爷，什么大梵天，宇宙间没有他们存在的地方。

但是，冥冥中似乎应该有这一类的东西，是他或它巧妙计算，不让动植物的本性光合得逞。

1996 年 11 月 12 日

三论人生

上一篇《再论》戛然而止，显然没有能把话说完，所以再来一篇《三论》。

造化小儿对禽兽和人类似乎有点区别对待的意思。它给你生存的本能，同时又遏制这种本能，方法或者手法颇多。制造一个对立面似乎就是手法之一，比如制造了老鼠，又制造它的天敌猫。

对于人类，它似乎有点优待。它先赋予人类思想（动物有没有思想和言语是一个有争论的问题），又赋予人类良知良能。关于人类本性，我在上面已经谈到。我不大相信什么良知，什么"恻隐之心，人皆有之"；但是我又无从反驳。古人说："人之所以异于禽兽者几希。""几希"者，极少极少之谓也。即使是极少极少，总还是有的。我个人胡思乱想，我觉得，在对待生物的生存、温饱、发展的本能的态度上，就存在着一点点"几希"。

我们观察，老虎、狮子等猛兽，饿了就要吃别的动物，包括人在内。它们决没有什么恻隐之心，决没有什么良知。吃的时候，它们也决不会像人吃人的时候那样，有时还会捏造一些我必须吃你的道理，做好"思想工作"。它们只是吃开了，吃饱为止。人类则有所不同。人与人当然也不会完全一样。有的人确实能够遏制自己的求生的本能，表现出一定的良知和一定的恻隐之心。古往今来的许多仁人志士，都是这方面的好榜样。他们为什么能为国捐躯？为什么能为了救别人而牺牲自己的性命？鲁迅先生所说的"中国的脊梁"，就是这样的人。孟子所谓的"浩然之气"，只有这样的人能有。禽兽中是决不会有什么"脊梁"，有什么"浩然之气"的，这就叫做"几希"。

但是人也不能一概而论，有的人能够做到，有的人就做不到。像曹操说："宁教我负天下人，休教天下人负我！"他怎能做到这一步呢？

说到这里，就涉及伦理道德问题。我没有研究过伦理学，不知道怎样给道德下定义。我认为，能为国家，为人民，为他人着想而遏制自己的本性的，就是有道德的人。能够百分之六十为他人着想，百分之四十为自己着想，他就是一个及格的好人。为他人着想的百分比越高越好，道德水平越高。百分之百，所谓"毫不利己、专门利人"的人是绝无仅有的。反之，为自己着想而不为他人着想的百分比，越高越坏。到了曹操那样，就算是坏到了顶。毫不利人、专门利己的人，普天之下倒是不老少的。说这话，有点泄气。无奈这是事实，我有什么办法？

1996 年 11 月 13 日

不完满才是人生

每个人都争取一个完满的人生。然而,自古及今,海内海外,一个百分之百完满的人生是没有的。所以我说,不完满才是人生。

关于这一点,古今的民间谚语,文人诗句,说到的很多很多。最常见的比如苏东坡的词:"人有悲欢离合,月有阴晴圆缺,此事古难全。"南宋方岳(根据吴小如先生考证)诗句:"不如意事常八九,可与人言无二三。"这都是我们时常引用的,脍炙人口的。类似的例子还能够举出成百上千来。

这种说法适用于一切人,旧社会的皇帝老爷子也包括在里面。他们君临天下,"率土之滨,莫非王土",可以为所欲为,杀人灭族,小事一端,按理说,他们不应该有什么不如意的事。然而,实际上,王位继承,宫廷斗争,比民间残酷万倍。他们威仪俨然地坐在宝座上,如坐针毡。虽然捏造了"龙御上宾"这种神话,他们自己也并不相信。他们想方设法以求得长生不老,他们最怕"一旦魂断,宫车晚出"。连英主如汉武帝、唐太宗之辈也不能"免俗"。汉武帝造承露金盘,妄想饮仙露以长生;唐太宗服印度婆罗门的灵药,期望借此以不死。结果,事与愿违,仍然是"龙御上宾"呜呼哀哉了。

在这些皇帝手下的大臣们,"一人之下,万人之上",权力极大,骄纵恣肆,贪赃枉法,无所不至。在这一类人中,好东西大概极少,否则包公和海瑞等决不会流芳千古,久垂宇宙了。可这些人到了皇帝跟前，只是一个奴才，常言道：伴君如伴虎，可见他们的日子并不好过。据说明朝的大臣上朝时在笏板上夹带一点鹤顶红，一旦皇恩浩荡，钦赐极刑，连忙用舌尖舔一点鹤顶红，立即涅槃，落得一个全尸。可见这一批人的日子也并不好过，谈不到什么完满的人生。

至于我辈平头老百姓，日子就更难过了。建国前后，不能说没有区别，可是一直到今天，仍然是"不如意事常八九"。早晨在早市上被小贩"宰"了一刀；在公共汽车上被扒手割了包，踩了人一下，或者被人踩了一下，根本不会说"对不起"了，代之以对骂，或者甚至演出全武行。到了商店，难免买到假冒伪劣的商品，又得生一肚子气。谁能说，我们的人生多是完满的呢？

再说到我们这一批手无缚鸡之力的知识分子，在历史上一生中就难得过上几天好日子。只一个"考"字，就能让你谈"考"色变。"考"者，考试也。在旧社会科举时代，"千军万马独木桥"，要上进，只有科举一途，你只需读一读吴敬梓的《儒林外史》，就能淋漓尽致地了解到科举的情况。以周进和范进为代表的那一批举人进士，其窘态难道还不能让你胆战心惊、啼笑皆非吗？

现在我们运气好，得生于新社会中。然而那一个"考"字，宛如如来佛的手掌，你别想逃脱得了。幼儿园升小学，考；小学升初中，考；初中升高中，考；高中升大学，考；大学毕业想当硕士，考；硕士想当博士，考。考，考，考，变成烤，烤，烤；一直到知命之年，厄运仍然难免，现代知识分子落到这一张密而不漏的天网中，无所逃于天地之间，我们的人生还谈什么完满呢？

灾难并不限于知识分子,"人人有一本难念的经",所以我说"不完满才是人生"。这是一个"平凡的真理":但是真能了解其中的意义,对己对人都有好处。对己,可以不烦不躁;对人,可以互相谅解。这会大大地有利于整个社会的安定团结。

1998 年 8 月 20 日

漫谈人生

常言道：老马识途。这话是正确的，因为经住了实践的检验。

老人能不能识途呢？我看未必。马们有自己的一套特异功能，而人们虽然有思想，脑筋复杂，却缺少那种特异功能，未必真能识途。有些老人常常以老自傲，对青年人说什么："我吃的盐比你吃的面还多，我过的桥比你走的路还长。"这种话是信不得的，与江湖术士的话差不太多。

但是，话又要说回来。一个人老了，他毕竟经历的事情多，不管是盐还是面，都比年青人吃得多。阳关大道，他走过；独木小桥，他也踏过。车马盈门，他有过；世态炎凉，他也尝过。他替别人抬过轿子；别人也替他抬过轿子。总之，一句话，世事把他塑造成了一个世故老人。

我窃自附于这样的老人。虽然我禀性木讷，不擅义理；但是，最近几年以来，却忍不住写了一些总名之为"人生漫谈"的短文，已经出过几个小册子。现在于青同志又编选这一册《人生小品》，我感谢她的鼓励，同意她的做法。野叟献曝，对青年人也许有点用处吧。这是我的希望。是为序。

2001 年 2 月 18 日

本文为《人生小品》序

人生箴言

本书的作者池田大作名誉会长,译者卞立强教授,以及本书一开头就提到的常书鸿先生,都是我的朋友。我同他们的友谊,有的已经超过了40年,至少也有十几二十年了,都可以算是老朋友了。我尊敬他们,我钦佩他们,我喜爱他们,常以此为乐。

池田大作名誉会长的著作,只要有汉文译本(这些译本往往就出自卞立强教授之手),我几乎都读过。现在又读了他的《人生箴言》。可以说是在旧的了解的基础上,又增添了新的了解。在旧的钦佩的基础上,又增添了新的钦佩,我更以此为乐。

评断一本书的好与坏有什么标准呢?这可能因人而异。但是,我个人认为,客观的能为一般人都接受的标准还是有的。归纳起来,约略有以下几项:一本书能鼓励人前进呢,抑或拉人倒退?一本书能给人以乐观精神呢,抑或使人悲观?一本书能增加人的智慧呢,抑或增强人的愚蠢?一本书能提高人的精神境界呢,抑或降低?一本书能增强人的伦理道德水平呢,抑或压低?一本书能给人以力量呢,抑或使人软弱?一本书能激励人向困难作斗争呢,抑或让人向困难低头?一本书能给人以高尚的美感享受呢,抑或给人以低级下流的愉快?类似的标准还能举出一些来,但是,我觉得,上面这一些也就够了。统而言之,能达到问题的前一半的,就是好书。否则,若只能与后一半相合，这就是坏书。

拿上面这些标准来衡量池田大作先生的《人生箴言》，读了这一本书，谁都会承认，它能鼓励人前进；它能给人乐观精神；它能增加人的智慧；它能提高人的精神境界；它能增强人的伦理道德水平；它能给人以力量；它能鼓励人向困难作斗争；它能给人以高尚的美感享受。总之，在人生的道路上，它能帮助人明辨善与恶，明辨是与非；它能帮助人找到正确的道路，而不至迷失方向。

因此，我的结论只能是：这是一本好书。

如果有人认为我在上面讲得太空洞，不够具体，我不妨说得具体一点，并且从书中举出几个例子来。书中许多精辟的话，洋溢着作者的睿智和机敏。作者是日本蜚声国际的社会活动家、思想家、宗教活动家。在他那波澜壮阔的一生中，通过自己的眼睛和心灵，观察人生，体验人生，终于参透了人生，达到了圆融无碍的境界。书中的话就是从他深邃的心灵中撒出来的珠玉，句句闪耀着光芒。读这样的书，真好像是走入七宝楼台，发现到处是奇珍异宝，拣不胜拣。又好像是行在山阴道上，令人应接不暇。本书一人生中的第一段话，就值得我们细细地玩味："我认为人生中不能没有爽朗的笑声。"第二段话："我希望能在真正的自我中，始终保持不断创造新事物的创造性和为人们为社会作出贡献的社会性。"这是多么积极的人生态度，真可以振聋发聩！我自己已经到了耄耋之年。我特别欣赏这一段话："'老'的美，老而美——这恐怕是比人生的任何时期的美都要尊贵的美。老年或晚年，是人生的秋天。要说它的美，我觉得那是一种霜叶的美。"我读了以后，陡然觉得自己真"美"起来了，心里又溢满了青春的活力。这样精彩的话，书中到处都是，我不再作文抄公了。读者自己去寻找吧。

现在正是秋天。红于二月花的霜叶就在我的窗外。案头上正摆着这一部的译稿。我这个霜叶般的老年人，举头看红叶，低头读华章，心旷神怡，衰颓的暮气一扫而光，提笔写了这一篇短序，真不知老之已至矣。

1994 年 11 月 8 日
本文为《人生箴言》序

《我的心是一面镜子》自序

完全出于一个偶然的机会，我最近结识了延边大学出版社的贾锐同志。虽然初次见面，但是我们颇能谈得来。佛家讲因缘，中国老百姓讲缘分。我不是宗教家，但缘分我却是相信的。原因何在呢？原因就是你非信不行。哲学上讲偶然性，你能把偶然性说清楚吗？偶然性其实就是除掉迷信成分的缘分。

我们这份缘分还是有点来源的。来源就是贾锐同志的夫人延边大学副教授王文宏女士。文宏曾来北大从中文系刘烜教授进修过。所以我们早就认识。她是一位心地善良，感情超过需要的，有才华而又勤奋努力的女青年学者，成绩斐然。由于她的缘故，我才认识了她的丈夫。在这里，我不禁又要讲缘分了。如果没有缘分，我怎么能同来自几千里外的文宏认识了呢？

闲言少叙，书归正传。贾锐同志以其出版家的敏感和善于捕捉"战机"的本领——我几乎想说是"本能"——突然向我提出建议，要想出我一本书，书名原定为《心声集》，后又改名为《我的心是一面镜子》，都是出于我两篇文章的名称。书名如何定，我毫无疑义，怎样定都行，反正内容都是一样的。但是，对于这个建议，对于出我的书，却大出我意料。我几乎没加考虑，就予以断然拒绝。我不是不感激他们的感情，不是对出书不高兴，而是别有原因。我以毕生心血倾全力搞的研究工作，完全是另外一码事。写点抒情散文或杂文之类，是情动之中不能不抒发时"流"出来的。我从来没有意为文，"为觅新词强说愁"。因此我对自己写的这类东西，既偏爱，又不太重视。我从来不敢以作家自命。在文坛上或什么坛上获得的那一点青睐，在高兴之余我并不十分看重。在潜意识中，恐怕难免有点"雕虫小技"之感。

此外，还有另外一个原因。最近几个月以来，有几个出版社，北京、上海、浙江、天津等地都有，给我出了几本选集，有的已出版，有的正在印刷中。虽然编排的目的和原则都不一样，但是所选的文章，则难免有所雷同。我颇听到一些读者或买书者抱怨之声。重复选编，大作家可以，如我辈戋戋者则不可。这是我个人的"活思想"。因此，我出于"私心"——公心大概也有一点吧——断然拒绝了贾锐同志和文宏的建议。

但是，贾锐同志坚忍不拔，继续向我"说法"，文宏又从旁大敲边鼓。看样子，我如果不应允，他们决不会善罢甘休的。当年，生公说法，顽石还能点头。我这个活人，难道连顽石都不如吗？此外，我还有一点想法，可能算是"私心杂念"吧。写文章的人总喜欢或者希望别人能够读自己的文章。如果有人说，自己的文章不喜欢或者不希望别人读，那你就把自己的灵感闷在肚子里好了，何必写出来灾祸梨枣呢？这样过分的矫情形同虚伪，为我所不取。而且他们两位还说，在延边根本买不到我的书。根据上面这一些复杂而又曲折的考虑，内因与外因相结合，我终于点头同意。

"我的心是一面镜子"，我看，谁的心都是一面镜子。不过，这一面镜子有大，有小；有明，有暗；有的有时明有时暗，

"'我的心是一面镜子',我看,谁的心都是一面镜子。"

有的总是明或总是暗；有的人意识到它，有的人没有意识到；有的人意识到而能反映出来，有的人意识到却反映不出来。在这花花世界，众相纷杂。在三千大千世界中，只要有动物的地方，就都会有这种现象。此事太玄远幽奥，恐怕只有无所不见无所不知的佛祖或上帝，也许再加天老爷，才能了知，我辈凡人大可以不必操这一份心了。

我现在只讲凡人的事，只讲我这个凡人的事。我决没有什么过人的地方，我不比别人多一只眼睛，多一个耳朵，多一颗心。但是，差堪自慰者，我不糊涂，或者不太糊涂，我敏感，我有感情。世界上的万事万物和芸芸众生，风花雪月，阴晴寒暑，一旦触及我的五官，就必然映现在我心里这一面镜子上。我这面镜子能辨邪正，分是非，能使魑魅魍魉现形，能使牛鬼蛇神无所逃遁。我对它是颇有自信的。物换星移，85年于兹矣，它至今仍旧朗然。有时候，我无端会可怜起我这一面镜子来，它的负担实在太大太大了。从高中时起，我受了几位老师的影响和鼓励，开始舞笔弄墨。以后，虽然倾全力搞的是另一个行道，可是积习难除，每有所感，我的心这一面镜子每有什么映像，我自然而然地就会拿起笔描绘下来，我识人成千上万，游踪遍亚、欧、非三大洲。国内、国外，伟人、猛人，君子、小人，地、富、反、坏、右、叛、特、走资、臭，我无不接触，我自己就是其中的"老九"嘛！至于浩渺大洋，巍峨峻岭，瑰丽春花，晶莹秋月，夏日红荷，三冬冰雪，更是每年一度会面，从不爽约。所有这一切纷纭繁复的五光十色的人和物，都反映到我的心镜中。一旦心血来潮，也通过笔墨流到了纸上，装订成集。积之既久，我的所谓"作品"，数量也就颇为可观了。

特别值得一提的是，在我的心镜中赫然有一个延吉，有延边大学，有长白山，有天池，有图们江。我前几年访问延边大学时，承老友郑判龙教授和当时的校长垂青，我曾在延大做过一次所谓"学术报告"，认识了许多学有根底的教授。在招待方面，判龙兄自不必说，卢处长、王文宏、金宽雄等等一批朋友，包括司机金师傅和小夏在内，无不争先恐后，真使我"宾至如归"，高谊隆情，永志不忘。长白山和天池的瑰丽风光永远映在我的心镜上；图们江的流水和浪花永远映在我的心镜上；延吉市独特的市容永远映在我的心镜上；延边朝汉两族祥和亲切的气氛永远映在我的心镜上；延边人喝啤酒不论瓶而论箱的豪迈气概永远映在我的心镜上；延边青年朋友食蛇饮酒的胆量也永远映在我的心镜上。从这一面心镜上也流出了几篇散文，汉文原文已出版，朝文译文听说也已出版了。所可惜者，当时贾锐同志出差在外，未能识荆，直到几年后才在北京见面。不管怎样，在我这一面长达八十多年的至今仍不失其光辉的心镜上，延边和延边人给涂上了绚丽夺目的色彩，给我增添了无量情趣，我感到无比的安慰和幸福。

我在上面已经说到，真是十分出我意料，现在延大出版社竟要给我出一本散文选集《我的心是一面镜子》。这样一来，我同延边的关系，我同延边大学的关系，我同延边方面的新老朋友的关系，就能够更固定下来而且长久化了——我不说"永久化"，因为我这些拙作决不会永久化的。这样一件对我来说是天大的好事，我最初竟然企图坚决推掉。断章取义，借用一下郑板桥的"难得糊涂"或可自我解嘲。倘若借用佛家的说法，或更贴切。佛家有"顿悟""渐悟"之分。我根底瘠薄，生性鲁钝，"顿悟"之时几乎没有，我大概是"渐悟"一流。但是

"渐悟"总比"不悟"要强得多。在出书方面,虽然经过了点波折,我总算"觉今是昨非"了,我这个孺子还是"可教"的。因喜而写了这一篇自序。

1996年3月13日

谈青年问题

周晓燕同志编好了一套《走向成熟丛书》，索序于我。我本来是不敢也不应该答应的。原因很简单。我现在已经到了望九之年，我把自己的青春时期抛在身后已经有六七十年了，怎敢再来指手画脚地谈论青年问题呢？

继而一想，又觉得应该写的。我虽不敢说"识途"，但毕竟是一匹"老马"，走过的桥比青年人走过的路还要长，路总会认一点的。在这样漫长的年代里，经验和教训总会有一点的。说我能完全了解今天的青年，那是不可能的。但自己毕竟是在大学中教书，有接触青年的机会。对青年还是多少有点了解的。我承认"代沟"，而且还写文章赞美过"代沟"。我同今天青年间的"代沟"，不知有多少代了。但是，我是相信"人同此心，心同此理"这句话的，我们之间总会有点共同语言的。既然有共同语言，又何妨讲一讲呢？除非有个别青年承认自己是"新人类"。"新人类"同我们旧人类之间应该有质的不同，这一条沟是无法逾越的，对其余的人我们总可以谈一谈的。我要谈的可能也是一些老生常谈的问题，卑之无甚高论。但其中也有一些我个人独特的看法。总而言之，我不想对青年们提出一些高而又高，玄而又玄的说教，谁也做不到的说教。过去我们已经有过足够的教训了。那样做，结果只能是"可怜无补费精神"。

对于人生，我曾有过一些考虑。我认为，每个人的诞生都是被动的，没有哪一个人，除了佛祖释迦牟尼以外，能够预先制订计划，然后选人、选地、选时，再诞生。至于死，绝大部分也是被动的，在这方面，人们可能有点主动性，那就是自杀。可谁愿意无缘无故地自杀呢？这一点主动权最好还是别用。我们大概都不大可能相信轮回转生的。因此，在千百亿万年中，我们仅有这一次生命，其可贵概可以想见了。我们万万不可掉以轻心，坐失良机。我们一定要好好地十分严肃而又慎重地度过这一生。

但是，什么叫"好好地""严肃而又慎重地"呢？我的意思就是不要虚度此生。我不大相信人性本善，我也不相信什么积累功德。但是，古人说："人之所以异于禽兽者几希。"人类在生活实践中能逐渐培养成理智和良心，理智和良心就是"几希"之一。现在年轻人喜欢说："实现人生的价值。"这是一句好话，一句含义深远的话，一句有出息的话。比那些浑浑噩噩，糊里糊涂生又糊里糊涂死，要高明得多。

但是，实现人生的价值，必须走正道。做坏事，伤天害理，损人而不利己，这是地地道道地破坏人生的价值。正确的人生价值在能利人、能推动社会前进，而又不损害自己。个人的利益，如果想完全否定，是非常难的，只要无损于别人，无损于社会，也是无可厚非、可以容许的。每个人在实现自己的人生价值时，千万不要忘记，不能损害别人实现自己的人生价值。曹操那一种"宁要我负天下人，不要天下人负我"，是绝对要不得的。

此外，还有一个自由问题。有人说："不自由，毋宁死！"可见自由之重要。大家都想争自由，这本是很自然的。但是，我发现，争自由的人们忘记了一个显而易见的事实：在宇宙中，天底下，绝对的自由是没有的。宇宙中的星球，不管是恒星，还是行星，都各按其位，运行也有规律。只有彗星有时闹点自由化。但也无伤大雅。否则，如果星球都绝对自由了，必然会互相撞击，宇宙必然大乱，我们的地球也难以单独存在下去的。在人类社会中，情况相同。如果每个人都要求有绝对的自由，人与人必然会互相冲撞，结果会使社会不成其为社会，天下大乱，谁也难以生存。因此，自由必有所限制，社会必须定出法律，以约束限制人的行为。这样社会才可以存在，人人都可以生存。简单一句话：有点限制的自由才是真正的自由，绝对的自由是难以想象的。

上面讲的都是些空话，可又都是实话。具体的意见都见于周晓燕等同志的著作中，我不再啰嗦了。是为序。

1997年4月2日

本文为《走向成熟丛书》序

老年谈老

老年谈老，就在眼前；然而谈何容易！

原因何在呢？原因就在，自己有时候承认老，有时候又不承认，真不知道从何处谈起。

记得很多年以前，自己还不到六十岁的时候，有人称我为"季老"，心中颇有反感，应之逆耳，不应又不礼貌，左右两难，极为尴尬。然而曾几何时，在不知不觉中，渐渐地听得入耳了，有时甚至还有点甜蜜感。自己吃了一惊：原来自己真是老了，而且也承认老了。至于这个大转变是从什么时候开始的，自己有点茫然懵然，我正在推敲而且研究。

不管怎样，一个人承认老是并不容易的。我的一位几十岁出头的老师有一天对我说，他还不觉得老，其他可知了。我认为，在这里关键是一个"渐"字。若干年前，我读过丰子恺先生一篇含有浓厚哲理的散文，讲的就是这个"渐"字。这个字有大神通力，它在人生中的作用决不能低估。人们有了忧愁痛苦，如果不渐渐地淡化，则一定会活不下去的。人们逢到极大的喜事，如果不渐渐地恢复平静，则必然会忘乎所以，高兴得发狂。人们进入老境，也是逐渐感觉到的。能够感觉到老，其妙无穷。人们渐渐地觉得老了，从积极方面来讲，它能够提醒你：一个人的岁月决不是取之不尽用之不竭的，应该抓紧时间，把想做的事情做完、做好，免得无常一到，后悔无及。从消极方面来讲，一想到自己的年龄，那些血气方刚时干的勾当就不应该再去硬干。个别喜欢争名于朝、争利于市的人，或许也能收敛一点。老之为用大矣哉！

我自己是怎样对待老年呢？说来也颇为简单。我虽年届耄耋，内部零件也并不都非常健全；但是我处之泰然，我认为，人上了年纪，有点这样那样的病，是合乎自然规律的，用不着大惊小怪。如果年老了，硬是一点病都没有，人人活上二三百岁甚至更长的时间，那么今天狂呼"老龄社会"者，恐怕连嗓子也会喊哑，而且吓得浑身发抖，连地球也会被压塌的。我不想做长生的梦。我对老年，甚至对人生的态度是道家的。我信奉陶渊明的两句诗：

纵浪大化中，
不喜亦不惧。

这就是我对待老年的态度。

看到我已经有了一把子年纪，好多人都问我：有没有什么长寿秘诀。我的答复是：我的秘诀就是没有秘诀，或者不要秘诀。我常常看到有一些相信秘诀的人，禁忌多如牛毛。这也不敢吃，那也不敢尝，比如，吃鸡蛋只吃蛋清，不吃蛋黄，因为据说蛋黄胆固醇高；动物内脏决不入口，同样因为胆固醇高。有的人吃一个苹果要消三次毒，然后削皮，削皮用的刀子还要消毒，不在话下；削了皮以后，还要消一次毒，此时苹果已经毫无苹果味道，只剩下消毒药水味了。从前有一位化学系的教授，吃饭要仔细计算卡路里的数量，再计算维生素的数量，吃一顿饭用的数学公式之多等于一次实验。结果怎样呢？结果每月饭费超过别人十倍，而人却瘦成一只干巴鸡。一个人到了这个地步，还有什么人生之乐呢？如果再戴上放大百倍的显微镜眼镜，则所见者无非细菌，试问他还能活下去吗？

至于我自己呢，我决不这样做，我一无时间，二无兴趣。凡是我觉得好吃的东西我就吃，不好吃的我就不吃，或者少吃，卡路里、维生素统统见鬼去吧。心里没有负担，胃口自然就好，吃进去的东西都能很好地消化。再辅之以腿勤、手勤、脑勤，自然百病不生了。脑勤我认为尤其重要。如果非要让我讲出一个秘诀不行的话，那么我的秘诀就是：千万不要让脑筋懒惰，脑筋要永远不停地思考问题。

我已年届耄耋，但是，专就北京大学而论，倚老卖老，我还没有资格。在教授中，按年龄排队，我恐怕还要排到二十多位以后。我幻想眼前有一个按年龄顺序排列的向八宝山进军的北大教授队伍。我后面的人当然很多。但是向前看，我还算不上排头，心里颇得安慰，并不着急。可是偏有一些排在我后面的比我年轻的人，风风火火，抢在我前面，越过排头，登上山去。我心里实在非常惋惜，又有点怪他们，今天我国的平均寿命已经超过七十岁，比解放前增加了一倍，你们正在精力旺盛时期，为国效力，正是好时机，为什么非要抢先登山不行呢？这我无法阻拦，恐怕也非本人所愿。不过我已下定决心，决不抢先夹塞。

不抢先夹塞活下去目的何在呢？要干些什么事呢？我一向有一个自己认为是正确的看法：人吃饭是为了活着，但活着却不是为了吃饭。到了晚年，更是如此。我还有一些工作要做，这些工作对人民对祖国都还是有利的，不管这个"利"是大是小。我要把这些工作做完，同时还要再给国家培养一些人才。我仍然要老老实实干活，清清白白做人，决不干对不起祖国和人民的事；要尽量多为别人着想，少考虑自己的得失。人过了八十，金钱富贵等同浮云，要多为下一代操心，少考虑个人名利，写文章决不剽窃抄袭，欺世盗名。等到非走不行的时候，就顺其自然，坦然离去，无愧于个人良心，则吾愿足矣。

要说的话已经说完，但是我还想借这个机会发点牢骚。我在上面提到"老龄社会"这个词儿。这个概念我是懂得的，有一些措施我也是赞成的。什么干部年轻化，教师年轻化，我都举双手赞成。但是我对报纸上天天大声叫嚷"老龄社会"，却有极大的反感。好像人一过六十就成了社会的包袱，成了阻碍社会进步的绊脚石，我看有点危言耸听，不知道用意何在。我自己已是老人，我也观察过许多别的老人。他们中游手好闲者有之，躺在医院里不能动的有之，天天提鸟笼持钓竿者有之，如此等等，不一而足。但这只是少数，并不是老人的全部。还有不少老人虽然已经寿登耄耋，年逾期颐，向着白寿甚至茶寿进军，但仍然勤勤恳恳，焚膏继晷，兀兀穷年，难道这样一些人也算是社会的包袱吗？我倒不一定赞成"姜是老的辣"这样一句话。年轻人朝气蓬勃，是我们未来希望之所在，让他们登上要路津，是完全必要的。但是对老年人也不必天天絮絮叨叨，耳提面命："你们已经老了！你们已经不行了！对老龄社会的形成你们不能辞其咎呀！"这样做有什么用处呢？随着生活的日益改善，人们的平均寿命还要提高，将来老年人在社会中所占的比例还要提高。即使你认为这是一件坏事，你也没有法子改变。听说从前钱玄同先生主张，人过四十一律枪毙。这只是愤激之辞，有人作诗讽刺他自己也活过了四十而照样活下去。我们有人老是为社会老龄化担忧，难道能把六十岁以上的人统统赐自尽吗？老龄化同人口多不是一码事。担心人口爆炸，用计划生育的办法就能制止。老龄化是自然趋势，而且无法制止。既然无法制止，就不必瞎嚷，这是徒劳无益的。我总怀疑，"老龄化"这玩意儿也是从外国进口的舶来品。西方人有同我们不同的伦理概念。我们大可以不必东施效颦。质诸高明，以为如何？

牢骚发完，文章告终，过激之处，万望包容。

1991 年 7 月 15 日

谈 老

偶读白香山诗,读到一首《咏老赠梦得》,觉得很有意思,先把诗抄在下面:

> 与君俱老也,自问老何如。
> 眼涩夜先卧,头慵朝未梳。
> 有时扶杖出,尽日闭门居。
> 懒照新磨镜,休看小字书。
> 情于故人重,迹共少年疏。
> 惟是闲谈兴,相逢尚有余。

老,在人生中,是一件大事。佛家讲生、老、病、死,可见其地位之重要。但是对待老的态度,各个时代的人却是很不相同的。白香山是唐代人。他在这一首诗中表现出来的态度,我觉得还过得去。他是心平气和的,没有叹老嗟贫,没有见白发而心惊,睹颓颜而伤心。这在当时说已经是颇为难得的了。但是,其中也多少有一些消极的东西。比如说懒梳头、不看镜等等。诗中也表现了他的一些心理活动,比如说"情于故人重,迹共少年疏",这恐怕是古今之所同。我们今天常讲的代沟,不是"迹共少年疏"吗?

到了今天,人间已经换了几次,情况大大地变了。今天,古稀老人,触目皆是,谁也不觉得稀奇了。我相信,我们绝大多数都是唯物主义者,我们认为,老是自然规律,老是人生阶段之一,能达到这个阶段,就是幸福的。大家都想再多活几年,再多给人民做点事情。老以后还有一个阶段,那一个阶段也肯定会来的,这也是自然规律,谁也不会像江淹说的那样:"莫不饮恨而吞声。"

至于说"迹共少年疏",虽然是古今之所同,但是我认为不是不能挽救的。今天我们老人,还有年轻人,在我们思想中的封建的陈旧的东西恐怕是越来越少了吧,我们老人并不会认为,自己一贯正确,永远正确,"嘴上无毛,办事不牢"。我们承认自己阅历多,经验富,但也承认精力衰退,容易保守。年轻人阅历浅,经验少,但是他们精力充沛,最少保守思想。将来的天下毕竟是他们的。我们老年和青年,我相信只要双方都愿意,是能谈得来的。"迹共少年疏",会变为"迹共少年密"(平仄有点不协)的。

1985年6月17日

老　年

　　人确实是极为奇怪的动物，到了老年，往往还不承认自己老。我也并非例外。过了还历之年，有人喊自己"季老"，还觉得很刺耳，很不舒服。只是在到了耄耋之年，对这个称呼，才品出来了一点滋味，觉得有点舒服。我在任何方面都是后知后觉。天性如此，无可奈何。

　　我觉得，在人类前进的极长的历史过程中，每一代人都只是一条链子上的一个环。拿接力赛来作比，每一代人都是从前一代手中接过接力棒，跑完了一棒，再把棒递给后一代人。这就是人生。人生的意义与价值就在于认真负责地完成自己这一棒的任务。做到这一步，就可以心安理得了。古代印度人有人生四阶段的说法，是颇有见地的。

　　这个道理其实是极为明白易懂的，但是却极少人了解。古代有一些人，主要是皇帝老子，梦想长生不老，结果当然是竹篮子打水，一场空。古代和近代，甚至当代，有一些人，到了老年愁这愁那：一方面为子孙积财，甚至不择手段；一方面又为自己的身后着想，修造坟场，筹建祠堂。这是有钱人的事。没有钱的老年人心事更多，想为子孙积攒钱财，又力不从心，捉襟见肘。财积不成，又良心难安。等到大限来到之时，还是两手空空，抱着无限负疚的心情，去见阎罗大王。大概在望乡台上，还是老泪纵横哩。

　　最近翻看明人笔记，在一本名叫《霏雪录》的书里读到了一段话，是抄的唐代大诗人白居易的一首自警诗，原诗是：

  蚕老茧成不庇身，
  蜂饥蜜熟属他人。
  须知年老忧家者，
  恐似二虫虚苦辛。

  诗句明白易懂，道理浅显清楚。在中国历代著名的文人中，白居易活的年龄算是相当老的。他到了老年，有了这样通脱的想法，耐人寻味，这恐怕同他晚年的信仰有关。他信仰佛教，大概又受到了中国传统道教的影响。这一首诗可以帮助我们思考一些问题。

1993年12月26日

谈老年

一

我已经到了望九之年，无论怎样说都只能说是老了。但是，除了眼有点不明，耳有点不聪，走路有点晃悠之外，没有什么老相，每天至少还能工作七八个小时。我没有什么老的感觉，有时候还会有点沾沾自喜。

可是我原来并不是这个样子的。

我生来就是一个性格内向、胆小怕事的人。我之所以成为现在这样一个人，完全是环境逼迫出来的。我向无大志。小学毕业后，我连报考赫赫有名的济南省立第一中学的勇气都没有，只报了一个"破正谊"。那种"大丈夫当如是也"的豪言壮语，我认为，只有英雄才能有，与我是不沾边的。

在寿命上，我也是如此。我的第一本账是最多能活到50岁，因为我的父母都只活到四十几岁，我绝不会超过父母的。然而，不知道怎么一来，五十之年在我身边倏尔而过，没有留下任何痕迹，我也根本没有想到过。接着是中国老百姓最忌讳的两个年龄：73岁，孔子之寿；84岁，孟子之寿。这两个年龄也像白驹过隙一般在我身旁飞过，也没有留下任何痕迹，我也根本没有想到过，到了现在，我就要庆祝米寿了。

早在50年代，我才四十多岁，不知为什么忽发奇想，想到自己是否能活到21世纪。我生于1911年，必须能活到89

岁才能见到21世纪,而89这个数字对于我这个素无大志的人来说,简直就是个天文数字。我阅读中外学术史和文学史,有一个别人未必有的习惯,就是注意传主的生年卒月,我吃惊地发现,古今中外的大学者和大文学家活到90岁的简直如凤毛麟角。中国宋代的陆游活到85岁,可能就是中国诗人之冠了。胆怯如我者,遥望21世纪,遥望89这个数字,有如遥望海上三山,山在虚无缥缈间,可望而不可即了。

陈岱孙先生长我11岁,是世纪的同龄人。当年在清华时,我是外语系的学生,他是经济系主任兼法学院院长,我们可以说是有师生关系。解放后,很长一段时间,我们俩同在全国政协,而且同在社会科学组,我们可以说又成了朋友,成了忘年交。陈先生待人和蔼,处世谨慎,从不说过分过激的话;但是,对我说话,却是相当随便的。他90岁的那一年,我还不到80岁。有一天,他对我说:"我并没有感到自己老了。"我当时颇有点吃惊,难道90岁还不能算是老吗?可是,人生真如电光石火,时间真是转瞬即逝,曾几何时,我自己也快到90岁了。不可能的事情成为可能了,不可信的事情成为可信了。"此中有真意,欲辩已无言",奈之何哉!

1999年7月19日

二

即使自己没有老的感觉,但是老毕竟是一个事实。于是,我也就常常考虑老的问题,注意古今中外诗人、学者涉及老的篇章。在这方面,篇章异常多,内容异常复杂。约略言之,可能有以下几种情况，最普遍最常见的是叹老嗟贫，这种态度充斥于文人的文章中和老百姓的俗话中。老与贫皆非人之所愿，然而谁也回天无力，在万般无奈的情况下，只能叹而且嗟，聊以抒发郁闷而已，其次是故作豪言壮语，表面强硬，内实虚弱。最有名的最为人所称誉的曹操的名作：

  老骥伏枥，志在千里；
  烈士暮年，壮心不已。

初看起来气粗如牛，仔细品味，实极空洞。这有点像在深夜里一个人独行深山野林中故意高声唱歌那样，流露出来的正是内心的胆怯。

  对老年这种现象进行平心静气的肌擘理分的文章，在中国好像并不多。最近偶尔翻看杂书，读到了两本书，其中有两篇关于老年的文章，合乎我提到的这个标准，不妨介绍一下。

  先介绍古罗马西塞罗（公元前106—前43年）的《论老年》。他是有名的政治家、演说家和散文家，《论老年》是他的《三论》之一。西塞罗先介绍了一位活到107岁的老人的话："我并没有觉得老年有什么不好。"这就为本文定了调子。接着他说：

  老年之所以被认为不幸福有四个理由：第一是，它使我们不能从事积极的工作；第二是，它使身体衰弱；第三是，它几乎剥夺了我们所有感官上的快乐；第四是，它的下一步就是死。

  他接着分析了这些说法有无道理。他逐项进行了细致的分析,并得出了有积极意义的答复。我在这里只想对第四项作一点补充。老年的下一步就是死,这毫无问题。然而,中国俗话说:"黄泉路上无老少。"任何年龄的人都可能死的,也可以说,任何人的下一步都是死。

最后,西塞罗讲到他自己老年的情况。他编纂《史源》第七卷,搜集资料,撰写论文。他接着说:

> 此外,我还在努力学习希腊文,并且,为了不让自己的记忆力衰退,我仿效毕达哥拉斯派学者的方法,每天晚上把我一天所说的话、所听到或所做的事情再复述一遍 我很少感到自己丧失体力 我做这些事情靠的是脑力,而不是体力。即使我身体很弱,不能做这些事情,我也能坐在沙发上享受想象之乐 因为一个总是在这些学习和工作中讨生活的人,是不会察觉自己老之将至的。

这些话说得多么具体而真实呀。我自己的做法同西塞罗差不多。我总不让自己的脑筋闲着,我总在思考着什么,上至宇宙,下至苍蝇,我无所不想。思考锻炼看似是精神的,其实也是物质的。我之所以不感到老之已至,与此有紧密关联。

1999年7月20日

三

我现在介绍一下法国散文大家蒙田关于老年的看法,蒙田大名鼎鼎，昭如日月。但是，我对他的散文随笔却有与众不同的看法。他的随笔极多，他愿意怎样写，就怎样写；愿停就停，愿起就起，颇符合中国一些评论家的意见。我则认为，文章必须惨淡经营，这样松松散散，是没有艺术性的表现。尽管蒙田的思想十分深刻，入木三分，但是，这是哲学家的事。文学家可以有这种本领，但文学家最关键的本领是艺术性。

在《蒙田随笔》中有一篇论西塞罗的文章，意思好像是只说他爱好虚荣，对他的文章则只字未提。《蒙田随笔》三卷集最后一篇随笔是《论年龄》，其中涉及老年。在这篇随笔中，同其他随笔一样，文笔转弯抹角，并不豁亮，有古典，也有"今典"，颇难搞清他的思路。蒙田先生讲，人类受大自然的摆布，常遭不测，不容易活到预期的寿命。他说："老死是罕见的、特殊的、非一般的。"这话不易理解。下面他又说道：人的活力二十岁时已经充分显露出来。他还说，人的全部丰功伟业，不管何种何类，不管古今，都是三十岁以前而非以后创立的。这意见，我认为也值得商榷。最后，蒙田谈到老年："有时是身躯首先衰老，有时也会是心灵。"这是符合实际情况的。

蒙田就介绍到这里。

我在上面说到，古今中外谈老年的诗文极多极多，不可能，也不必一一介绍。在这里，我想，有的读者可能要问："你虽然不感老之已至，但是你对老年的态度怎样呢？"

这问题问得好，是地方，也是时候，我不妨回答一下。我是曾经死过一次的人。读者诸君，千万不要害怕，我不是死鬼显灵，而是活生生的人。所谓"死过一次"，只要读过我的《牛棚杂忆》就能明白，不必再细说。总之，从1967年12月以后，我多活一天，就等于多赚了一天，算到现在，我已经多活了，也就是多赚了三十多年了，已经超过了我满意的程度。死亡什么时候来临，对我来说都是无所谓的，我随时准备着开路，而且无悔无恨。我并不像一些魏晋名士那样，表面上放浪形骸，不怕死亡。其实他们的狂诞正是怕死的表现。如果真正认为死亡是微不足道的事，何必费那么大劲装疯卖傻呢？

根据我上面说的那个理由，我自己的确认为死亡是微不足道，极其自然的事。连地球，甚至宇宙有朝一日也会灭亡，戋戋者人类何足挂齿！我是陶渊明的信徒，是听其自然的，"应尽便须尽，无复独多虑"！但是，我还想说明，活下去，我是高兴的。不过，有一个条件，我并不是为活着而活着。我常说，吃饭为了活着，但活着并不是为了吃饭。我对老年的态度约略如此，我并不希望每个人都跟我抱同样的态度。

1999 年 7 月 21 日

再谈老年

我在《夜光杯》上已经写过多篇关于老年的文章了。可是今天读了范敬宜先生的《"老泪"何以"浑浊"？》，又得了新的启发，不禁对老年再唠叨上几句。

范先生的文章中讲到，齐白石、刘海粟常在书画上写上"年方八十""年方九十"的字样。这事情我是知道的，也亲眼见过的。不知道由于什么原因，我看了总觉得心里不是滋味，觉得过于矫情。这往往使我想到晋代竹林七贤之类的人物，他们以豁达自命，别人也认为他们豁达。他们中有人让一个人携铁锹跟在自己身后，说："死便埋我！"从表面上来看，这对生死问题显得多么豁达。据我看，这正表示他们对死亡念念不忘，是以豁达文恐惧。

好生恶死，好少年恶老年，是人之常情。但是，我们应该有一个正确的生死观，正确的少年和老年观。我觉得，还是中国古代的道家最聪明，他们说：万物方生方死。一下子就把生与死，少年与老年联系在一起了。从生的方面来看，人一下生，是生的开始，同时也是死的开始。你活上一年，是生了一年，但是同时也是向死亡走近了一年。你是应该高兴呢？还是应该厌恶？你是应该喜呢？还是应该惧？

对于这个问题，我觉得，陶渊明的态度最值得赞美。他有一首诗说："纵浪大化中，不喜亦不惧。应尽便须尽，无复独多虑。"他的"尽"就是死。问题是谁来决定"应"还是"不应"。

除非自杀，决定权不在自己手中。既然不在自己手中，你就用不着"多虑"（多操心）。这是最合理的态度。我不相信，人有什么生死轮回。一个人只能生一次，这是一个十分难得的机会，不能轻易放过，只要我们能活一天，我们就必须十分珍视这一天，因为它意味着我们又向死亡前进了一天。我们要抓紧这一天，尽量多做好事，少做或不做坏事。好事就是有利于国家，有利于人民，有利于世界的事。这样做，既能利他，又能利己。损人又不利己的事情是绝对做不得的。至于什么时候"应尽"，那既然不能由我们自己决定，也就不必"多虑"了。题写"年方八十""年方九十"的矫情举动要尽量避免。

攀登八宝山，是人人必走的道路。但这不是平常的登山活动，不必努力攀登，争取个第一名。对于这个活动，我一向是主张序齿的，老年人有优待证。但是，这个优待证他可以不使用。我自己反正已经下定决心，决不抢班夺权，决不夹塞。等到我"应尽"的时候，我会坦然从命，既不"饮恨"，也不"吞声"。

2002 年 4 月 4 日

老少之间

在任何国家、任何时代的任何社会里，总都会有老年人和青少年人同时并存。从年龄上来说，这是社会的两极，中间是中年，这样一些不同年龄的阶层，共同形成了我们的社会，所谓芸芸众生者就是。

从社会方面来讲，这个模式是不变的，是固定的。但是，从每一个人来说，它却是不固定的，经常变动的。今天你是少年，转瞬就是中年。你如果不中途退席的话，前面还有一个老年阶段在等候着你。老年阶段以后呢？那谁都知道，用不着细说。

想要社会安定，就必须处理好这三个年龄阶段之间的关系，特别是社会两极的老年与少年的关系。现在人们有时候讲到"代沟"——我看这也是舶来品——有人说有，有人说无，我是承认有的。因为事实就是如此，是否认不掉的。而且从某种意义上来说，有"代沟"正标明社会在不断前进。如果不前进，"沟"从何来？

承认有"代沟"，不就万事大吉。真要想保持社会的安定团结，还必须进一步对"沟"两边的具体情况加以分析。中年这一个中间阶段，我先不说，我只分析老少这两极。

一言以蔽之，这两极各有各的优缺点。老年人人生经历多，识多见广，这是优点。缺点往往是自以为是，执拗固执。动不动就是：我吃的盐比你吃的面还多，我走过的桥比你走过的路还长。个别人仕途失意，牢骚满腹："世人皆醉而我独醒，世人皆浊而我独清。"简直变成了九斤老太，唠唠叨叨，什么都是从前的好。结果惹得大家都不痛快。

我现在这里特别提出一个我个人观察到的老年人的缺点，就是喜欢说话，喜欢长篇发言。开一个会两小时，他先包办一半，甚至四分之三。别人不耐烦看表，他老眼昏花，不视不见，结果如何？一想便知。听说某大学有一位老教授。开会他一发言，有经验的人士就回家吃饭。酒足饭饱，回来看，老教授的发言还没有结束，仍然在那里"悬河泻水"哩。

因此，我对老年人有几句箴言：老年之人，血气已衰；煞车失灵，戒之在说。

至于年轻人，他们朝气蓬勃，进取心强。在他们眼前的道路上，仿佛铺满了玫瑰花。他们对任何事情都不畏缩，九天揽月，五洋捉鳖，易如反掌，唾手可得。这是一种非常可贵的精神，只能保护，不能挫伤。然而他们的缺点就止隐含在这种优点中。他们只看到玫瑰花的美，只闻到玫瑰花的香；他们却忘记了玫瑰花是带刺的，稍不留心，就会扎手。

那么，怎么办呢？我没有什么高招，我只有几句老生常谈：老年少年都要有自知之明，越多越好。老的不要"倚老卖老"，少的不要"倚少卖少"。后一句话是我杜撰出来的，我个人认为，这个杜撰是正确的。老少之间应当互相了解，理解，谅解。最重要的是谅解。有了这个谅解，我们社会的安定团结就有了保证。

1994年7月3日

漫谈"再少"问题
——向普天下老年人祝贺春节

宋代大文学家苏东坡有一首词《浣溪沙》，东坡自述写作来由：游蕲水清泉寺，寺临兰溪，溪水西流。

> 山下兰芽短浸溪。松间沙路净无泥。萧萧暮雨子规啼。
> 谁道人生无再少？门前流水尚能西。休将白发唱黄鸡。

我生平涉猎颇广；但是，"再少"这个词儿或者概念，在东坡以前的文献中，却从来没有见到过。这个词儿或这个概念，东坡应该说是首创者。

再少的现象，不能在年龄上，也就是时间上来体现。因为年龄和时间，一旦逝去，就永远逝去。要它回转一秒半秒，也是决不可能的。

再少的现象或者希望，只能体现在心理状态方面。我们平常的说法是自六十岁起算是老年。一个人的血肉之躯，母亲生下来以后，经过了六十年的风吹雨打，难免受些伤害；行动迟缓了，思维不敏锐了，耳朵和眼睛都不太灵便了，走路也有困难了，如此等等，不一而足。首先，我们必须承认这些客观现象，努力适应这些客观现象。不承认不努力适应是不行的。

但是，承认和适应并不等于屈服。这里就能用上我们常说

浣溪沙 苏东坡

游蕲水清泉寺 寺临兰溪 溪水西流

山下兰芽短浸溪 松间沙路净无泥 萧萧暮雨子规啼

谁道人生无再少 门前流水尚能西 休将白发唱黄鸡

季羡林 壬午书

据季羡林考证，"再少"这个词最早出自苏东坡词《浣溪沙》。图为 2002 年新春之际，季羡林手书《浣溪沙》一幅。

的主观能动性。主观能动性这种现象，有时候看起来，作用不大。其实，如果运用得当，则能发挥出极大的力量。中国古人说"精诚所至，金石为开"，指的就是这种现象。

对于苏东坡所说的"再少"应该这样来理解。

总之，我是相信"再少"的。愿与全国老年人共勉之。

2006年1月21日

时年九十有五

赞"代沟"

现在常常听到有人使用"代沟"这个词儿。这个词儿看起来像一个外来语。然而它表达的内容却不限于外国，而是有普遍意义的，中国当然也不能够例外。

青年人怎样议论"代沟"，我不清楚。老年人一谈起来，往往流露出十分不满意的神气，有时候甚至有类似"人心不古，世道浇漓"之类的慨叹。这种神气和慨叹我也有过。我现在是一个地地道道的老年人了。老年人的心理状态，我同样也是有的。我们大概都感觉到，在青年人身上有一些东西，我们看着不顺眼；青年人嘴里讲一些话，我们听上去不大顺耳，特别是那一些新造的名词更是特别刺耳。他们的衣着、他们的态度、他们的言谈举动以及接物待人的礼节、他们欣赏的对象和趣味，总之，一切的一切，我们无不觉得不那么顺溜。脾气好一点的老头摇一摇头，叹一口气，脾气不太好的就难免发发牢骚，成为九斤老太的同党了。

如果说有一条沟的话，那么，我们就站在沟的这一边，那一边站的是年轻人。但是若干年以前，我们也曾在沟的那一边站过，站在这一边的是我们的父母、老师、长辈。不知道从什么时候起，好像是在一夜之间，我们忽然站到这边来了。原来站在这边的人，由于自然规律不可抗御，一个个地让出了位置，走向涅槃，空出来的位置由我们来递补。有如秋后的树木，落叶渐多，枝头渐空，全身都在秋风里，只有日渐凋零了。这一个过程是非常非常微妙的，好像一点痕迹都没有留下，然而它确实是存在的。

站在沟这一边的老人，往往有一些杞忧。过去老人喜欢说一些世风日下之类的话，其尤甚者甚至缅怀什么羲皇盛世。现在这种人比较少了，但是类似这样的感慨还是有的。我在这一方面似乎更特别敏感。最近几年，我曾数次访问日本。年纪大一点的日本朋友对于中国文化能够理解，能够欣赏，他们感谢中国文化带给日本的好处，感激之情，溢于言表。中国古代的诗词和书画，他们熟悉。他们身上有一股"老"味，让我们觉得很亲切。然而据日本朋友说，现在的年轻人可完全不是这个样子了。中国古代的那一套，他们全不懂，全不买账，他们喝咖啡，吃西餐，一切唯西方马首是瞻。同他们交往，他们身上有一股"新"味，这种"新"味使我觉得颇不舒服。我自己反复琢磨，中日交往垂二千年。到了近代，日本虽然进行了改革，成为世界上头号经济强国，但是在过去还多少有点共同语言。好像在一夜之间，忽然从地里涌出了一代"新人类"，同过去几乎完全割断了纽带联系。同这一群新人打交道，我简直手足无所措。这样下去，我们两国不是越来越疏远吗？为什么几千年没有变，而今天忽然变了呢？我冥思苦想，不得其解。

在中国，我也有这种杞忧。过去，当我站在沟的那一边的时候，我虽然也感到同沟这一边的老年人有点隔阂，但并不认为十分严重；然而到了今天，世界变化空前加速，真正是一天等于二十年，我来到了沟的这一边，顿时觉得沟那一边的年轻人也颇有"新人类"的味道。他们所作所为，很多我都觉得有点难以理解。男女自由恋爱，在封建时期是不允许的；在解放前允许了，但也多半不敢明目张胆。如果男女恋人之间接一个吻,恐怕也要秘密举行。然而今天呢,青年们在光天化日之下,大庭广众之间,公然拥抱接吻,坦然,泰然,甚至还有比这更露骨的举动,我看了确实感到吃惊,又觉得难以理解。我原来自认为脑筋还没有僵化,同九斤老太划清了界限。曾几何时,我也竟成了她的"同路人",岂不大可异哉!又岂不大可哀哉!

不管从世界范围来看,还是从中国范围来看,代沟自古以来就存在的,任何国家,任何时代,都是不可避免的。然而,根据我个人的感觉,好像是"自古已然,于今为烈",好像任何时候也没有今天这样明显。青年老年之间存在的好像已经不是沟,而是长江大河,其中波涛汹涌,难以逾越,我们两代人有点难以互相理解的势头了。为代沟而杞忧者自古就有,今天也决不乏人。我也是其中之一,而且还可能是"积极分子"。

说了上面这一些话以后,倘若有人要问:"你对代沟抱什么态度呢?"答曰:"坚决拥护,竭诚赞美!"

试想一想:如果没有代沟,青年人和老年人完全一模一样,人类的进步表现在什么地方呢?再往上回溯一下,如果在猴子中间没有代沟,所有的猴子都只能用四条腿在地上爬行,哪一只也决不允许站立起来,哪一只也决不允许使用工具劳动,某一类猴子如何能转变成人呢?从语言方面来讲,如果不允许青年们创造一些新词,我们的语言如何能进步呢?孔老头子说的话如果原封不动地保留到今天,这种情况你能想象吗?如果我们今天的报刊杂志孔老夫子这位圣人都完全能懂,这是可能的吗?人类社会在不停地变化,世界新知识日新月异,如果不允许创造新词儿,那么,语言就不能表达新概念、新事物,语言就失去存在的意义了,这种情况是可取的吗?总之,代沟是不可避免的，而且是十分必要的。它标志着变化，它标志着进步，它标志着社会演化，它标志着人类前进。

不管你是否愿意，它总是要存在的，过去存在，现在存在，将来也还要存在。

因此，我赞美代沟，用满腔热忱来赞美代沟。

1987 年 4 月 29 日于上海华东师大

忘

记得曾在什么地方听过一个笑话：一个人善忘。一天，他到野外去出恭，任务完成后，却找不到自己的腰带了。出了一身汗，好歹找到了，大喜过望，说道："今天运气真不错，平白无故地捡了一条腰带！"一转身，不小心，脚踩到了自己刚才拉出来的屎堆上。于是勃然大怒："这是哪一条混账狗在这里拉了一泡屎？"

这本来是一个笑话，在我们现实生活中，未必会有的。但是，人一老，就容易忘事糊涂，却是经常见到的事。

我认识一位著名的画家，本来是并不糊涂的。但是，年过八旬以后，却慢慢地忘事糊涂起来。我们将近半个世纪以前就认识了，颇能谈得来，而且平常也还是有些接触的。然而，最近几年来，每次见面，他把我的尊姓大名完全忘了。从眼镜后面流出来的淳朴宽厚的目光，落到我的脸上，其中饱含着疑惑的神气。我连忙说："我是季羡林，是北京大学的。"他点头称是。但是，过了没有五分钟，他又问我："你是谁呀！"我敬谨回答如上。在每一次会面中，尽管时间不长，这样尴尬的局面总会出现几次。我心里想：老友确是老了！

有一年，我们邂逅在香港。一位有名的企业家设盛筵，宴嘉宾。香港著名的人物参加者为数颇多，比如饶宗颐、邵逸夫、杨振宁等先生都在其中。宽敞典雅、雍容华贵的宴会厅里，一时珠光宝气，璀璨生辉，可谓极一时之盛。至于菜肴之精美，服务之周到，自然更不在话下了。我同这一位画家老友都是主宾，被安排在主人座旁。但是正当觥筹交错，逸兴湍飞之际，他忽然站了起来，转身要走，他大概认为宴会已经结束，到了拜拜的时候了。众人愕然，他夫人深知内情，赶快起身，把他拦住，又拉回到座位上，避免了一场尴尬的局面。

前几年，中国敦煌吐鲁番学会在富丽堂皇的北京图书馆的大报告厅里举行年会。我这位画家老友是敦煌学界的元老之一，获得了普遍的尊敬。按照中国现行的礼节，必须请他上主席台并且讲话。但是，这却带来了困难。像许多老年人一样，他脑袋里刹车的部件似乎老化失灵。一说话，往往像开汽车一样，刹不住车，说个不停，没完没了。会议是有时间限制的，听众的忍耐也决非无限。在这危难之际，我同他的夫人商议，由她写一个简短的发言稿，往他口袋里一塞，叮嘱他念完就算完事，不悖行礼如仪的常规。然而他一开口讲话，稿子之事早已忘入九霄云外。看样子是打算从盘古开天辟地讲起。照这样下去，讲上几千年，也讲不到今天的会。到了听众都变成了化石的时候，他也许才讲到春秋战国！我心里急如热锅上的蚂蚁，忽然想到：按既定方针办。我请他的夫人上台，从他的口袋掏出了讲稿，耳语了几句。他恍然大悟，点头称是，把讲稿念完，回到原来的座位。于是一场惊险才化险为夷，皆大欢喜。

我比这位老友小六七岁。有人赞我耳聪目明，实际上是耳欠聪，目欠明。如人饮水，冷暖自知，其中滋味，实不足为外人道也。但是，我脑袋里的刹车部件，虽然老化，尚可使用。再加上我有点自知之明，我的新座右铭是：老年之人，刹车失灵，戒之在说。一向奉行不违，还没有碰到下不了台的窘境。

在潜意识中颇有点沾沾自喜了。

然而我的记忆机构也逐渐出现了问题。虽然还没有达到画家老友那样"神品"的水平,也已颇有可观。在这方面,我是独辟蹊径,创立了有季羡林特色的"忘"的学派。

我一向对自己的记忆力,特别是形象的记忆,是颇有一点自信的。四五十年前,甚至六七十年前的一个眼神,一个手势,至今记忆犹新,召之即来,显现在眼前、耳旁,如见其形,如闻其声,移到纸上,即成文章。可是,最近几年以来,古旧的记忆尚能保存,对眼前非常熟的人,见面时往往忘记了他的姓名。在第一瞥中,他的名字似乎就在嘴边、舌上。然而一转瞬间,不到十分之一秒,这个呼之欲出的姓名,就蓦地隐藏了起来,再也说不出了。说不出,也就算了,这无关宇宙大事,国家大事,甚至个人大事,完全可以置之不理的。而且脑袋里像电灯似的断了的保险丝,还会接上的。些许小事,何必介意?然而不行,它成了我的一块心病。我像着了魔似的,走路,看书,吃饭,睡觉,只要思路一转,立即想起此事。好像是,如果想不出来,自己就无法活下去,地球就停止了转动。我从字形上追忆,没有结果;我从发音上追忆,结果杳然。最怕半夜里醒来,本来睡得香香甜甜,如果没有干扰,保证一夜幸福。然而,像电光石火一闪,名字问题又浮现出来。古人常说的平旦之气,是非常美妙的,然而此时却美妙不起来了。我辗转反侧,瞪着眼一直瞪到天亮。其苦味实不足为外人道也。但是,不知道是哪一位神灵保佑,脑袋又像电光石火似的忽然一闪,他的姓名一下子出现了。古人形容快乐常说"洞房花烛夜,金榜题名时",差可同我此时的心情相比。

这样小小的悲喜剧,一出刚完,又会来第二出,有时候对于同一个人的姓名，竟会上演两出这样的戏。而且出现的频率还是越来越多。自己不得不承认，自己确实是老了。郑板桥说："难得糊涂。"对我来说，并不难得，我于无意中得之，岂不快哉！

然而忘事糊涂就一点好处都没有吗？

我认为，有的，而且很大。自己年纪越来越老，对于"忘"的评价却越来越高，高到了宗教信仰和哲学思辨的水平。苏东坡的词说："人有悲欢离合，月有阴晴圆缺，此事古难全。"他是把悲和欢，离和合并提。然而古人说，不如意事常八九。这是深有体会之言。悲总是多于欢，离总是多于合，几乎每个人都是这样。如果造物主——如果真有的话——不赋予人类以"忘"的本领——我宁愿称之为本能——，那么，我们人类在这么多的悲和离的重压下，能够活下去吗？我常常暗自胡思乱想：造物主这玩意儿（用《水浒》的词儿，应该说是"这话儿"）真是非常有意思。他（她？它？）既严肃，又油滑；既慈悲，又残忍。老子说："天地不仁，以万物为刍狗。"这话真说到了点子上。人生下来，既能得到一点乐趣，又必须忍受大量的痛苦，后者所占的比重要多得多。如果不能"忘"，或者没有"忘"这个本能，那么痛苦就会时时刻刻都新鲜生动，时时刻刻像初产生时那样剧烈残酷地折磨着你。这是任何人都无法忍受下去的。然而，人能"忘"，渐渐地从剧烈到淡漠，再淡漠，再淡漠，终于只剩下一点残痕；有人，特别是诗人，甚至爱抚这一点残痕，写出了动人心魄的诗篇，这样的例子，文学史上还少吗？

因此，我必须给赋予我们人类"忘"的本能的造化小儿大唱赞歌。试问，世界上哪一个圣人、贤人、哲人、诗人、阔人、猛人、这人、那人，能有这样的本领呢？

我还必须给"忘"大唱赞歌。试问：如果人人一点都不忘，我们的世界会成什么样子呢？

遗憾的是，我现在尽管在"忘"的方面已经建立了有季羡林特色的学派，可是自谓在这方面仍是钝根。真要想达到我那位画家朋友的水平，仍须努力。如果想达到我在上面说的那个笑话中人的境界，仍是可望而不可即。但是，我并不气馁，我并没有失掉信心，有朝一日，我总会达到的。勉之哉！勉之哉！

1993年7月6日

当时只道是寻常

这是一句非常明白易懂的话,却道出了几乎人人都有的感觉。所谓"当时"者,指人生过去的某一个阶段。处在这个阶段中时,觉得过日子也不过如此,是很寻常的。过了十几二十年或者更长的时间,回头一看,当时实在有不寻常者在。因此有人,特别是老年人,喜欢在回忆中生活。

在中国,这种情况更比较突出,魏晋时代的人喜欢做羲皇上人。这是一种什么心理呢?"鸡犬之声相闻,而老死不相往来",真就那么好吗?人类最初不会种地,只是采集植物,猎获动物,以此为生。生活是十分艰苦的。这样的生活有什么可向往的呢!

然而,根据我个人的经验,发思古之幽情,几乎是每个人都有的。到了今天,沧海桑田,世界有多少次巨大的变化。人们思古的情绪却依然没变。我举一个具体的例子。十几年前,我重访了我曾待过十年的德国哥廷根。我的老师瓦尔德施密特教授夫妇都还健在。但已今非昔比,房子捐给梵学研究所,汽车也已卖掉。他们只有一个独生子,二战中阵亡。此时老夫妇二人孤零零地住在一座十分豪华的养老院里。院里设备十分齐全,游泳池、网球场等等一应俱全。但是,这些设备对七八十岁、八九十岁的老人有什么用处呢?让老人们触目惊心的是,每隔一段时间就有某一个房号空了出来,主人见上帝去了。这对老人们的刺激之大是不言而喻的。我的来临大出教授的意料，他简直有点喜不自胜的意味。夫人摆出了当年我在哥廷根时常吃的点心。教授仿佛返老还童，回到了当年去了。他笑着说："让我们好好地过一过当年过的日子，说一说当年常说的话！"我含着眼泪离开了教授夫妇，嘴里说着连自己都不相信的话："过几年，我还会来看你们的。"

我的德国老师不会懂"当时只道是寻常"的隐含的意蕴，但是古今中外人士所共有的这种怀旧追忆的情绪却是有的。这种情绪通过我上面描述的情况完全流露出来了。

仔细分析起来，"当时"是很不相同的。国王有国王的"当时"，有钱人有有钱人的"当时"，平头老百姓有平头老百姓的"当时"。在李煜眼中，"当时"是车如流水马如龙，花月正春风游上林苑的"当时"。对此，他没有别的办法，只有哀叹"天上人间"了。

我不想对这个概念再进行过多的分析。本来是明明白白的一点真理，过多的分析反而会使它迷离模糊起来。我现在想对自己提出一个怪问题：你对我们的现在，也就是眼前这个现在，感觉到是寻常呢还是不寻常？这个"现在"，若干年后也会成为"当时"的。到了那时候，我们会不会说"当时只道是寻常"呢？现在无法预言。现在我住在医院中，享受极高的待遇。应该说，没有什么不满足的地方。但是，倘若扪心自问："你认为是寻常呢，还是不寻常？"我真有点说不出，也许只有到了若干年后，我才能说："当时只道是寻常。"

2003 年 6 月 20 日

"后死者"的觉悟
——怀念衍梁

在将近六十年前,我同衍梁是济南高中同学。我们俩同年生,我却比他高一级或者两级。既然不是同班,为什么又成了要好的朋友呢?这要从我们的共同爱好谈起。

日本侵略者短期占领济南于1929年撤兵之后,停顿了一年的山东省会的教育又开始复苏。当时山东全省唯一的一所高中:山东省立济南高中正式建立。在中等教育层次中,这是山东的最高学府,全省青年人才荟萃之地。当时的当政者颇为重视。专就延聘教员方面来说,请到了许多学有专长的教员,可谓极一时之选。国文教员有胡也频、董秋芳、夏莱蒂、董每戡等,都是在全国颇有名气的作家。我们的第一位国文教员是胡也频先生。他当时年少气盛,而且具有青年革命家一往无前的精神,现在看起来虽然略有点沉着不够,深思熟虑不够,但是他们视反动派如粪土,如木雕泥塑,先声夺人。在精神方面他们是胜利者。胡先生在课堂上坦诚直率地宣传革命,宣传革命文艺。每次上课几乎都在黑板上大书:"什么是现代文艺?现代文艺的使命是什么?"所谓现代文艺,当时也称之为普罗文学,也就是无产阶级文学。它的使命就是革命,就是推翻以蒋介石为首的国民党反动派的统治。他讲起来口若悬河泻水,滔滔不绝。我们当时都才十七八岁,很容易受到感染,也跟着大谈现代文艺和现代文艺的使命。丁玲同志曾以探亲名义，在高中呆过一阵，我们学生都怀着好奇而又尊敬的心情瞻仰了她的丰采。她的一些革命作品，如《在黑暗中》等，当然受到我们的欢迎。

在青年学生中最积极的积极分子之一就是许衍梁。

我们当时都是山东话所说的"愣头青"，就是什么顾虑也没有，什么东西也不怕。我们虽然都不懂什么叫革命，却对革命充满了热情。胡也频先生号召组织现代文艺研究会，我们就在宿舍旁边的过道上摆上桌子，坦然怡然地登记愿意参加的会员。我们还准备出版刊物，我给刊物写过一篇文章，题目是《现代文艺的使命》。当时看了一些从日文转译过来的俄国人写的马克思文艺理论。译文极其别扭，读起来像天书一般，我也生吞活剥地写入我的"文章"，其幼稚可想而知。但是自己却颇有一点自命不凡的神气。记得衍梁也写了文章，题目忘记了，其幼稚程度同我恐怕也在伯仲之间。

这些举动当然会惹起国民党反动派的注意。我们学校就设有什么训导主任，专门宣传国民党党义和监视学生的活动。他们散布流言，说济南高中成了"土匪训练班"。衍梁当仁不让地是"土匪"之一。对他们眼中的"土匪"们，国民党一向是残酷消灭，手下决不留情的。不久，就传出了"消息"，说是他们要逮捕人。胡也频先生立即逃离济南，到了上海。过了没有多久，国民党反动派终于下了毒手，他就在龙华壮烈牺牲了。

我们这些小"土匪"们失去了支柱，只好变得安分守己起来。一转眼到了1930年夏天，我毕业离校，到北平考上国立清华大学，同衍梁就失去了联系。一直到1946年，我从欧洲回国，1947年回到济南，才再次同他见面。当时正处在解放战争高潮中，济南实际上成了一座孤城，国民党反动派眼看就要崩溃。记得我们也没有能见多少次面，我就又离开济南回北平来了。

又是一段相当长的别离。好像是到了"四人帮"垮台以后，我才又去济南见了衍梁。他当了官，对老友仍然像从前那样热情。七年前我回到济南开会，一中的老同学集会了一次。五六十年没有见面的中学老同学又见了面，实在是空前盛会，大家都兴奋异常。我想大家都会想到杜甫的诗"人生不相见，动如参与商。今夕复何夕？共此灯烛光"，而感慨万端。我见到了余修、黄离等等，衍梁当然也在里面，而且是最活跃的一个。此时他已经不戴乌纱帽，而搞山东科协。看来他的精神很好，身体很健康。谁也没料到，不久余修谢世，去年衍梁也病逝北京，这一次盛会不但空前，竟也绝后了。

我久已年逾古稀。但是一直到最近，我才逐渐承认自己是老人了。中国古代文人常用一个词儿，叫做"后死者"，我觉得这个词儿实在非常有意思。同许多老朋友比起来，我自己竟也成了一个"后死者"。当一个"后死者"是幸运的——谁不愿意长寿呢？但任务也是艰巨的。许多已死的老朋友的面影闪动在自己的脑海中，迷离历乱，不成章法，但又历历在目，栩栩如生。据说老年人都爱回忆过去。根据我自己的经验，这并不是老年人独有的爱好，而是在沉重的回忆的压力下不得不尔。

我常拿晚秋的树叶来比老年人。在木叶凋零的时刻，树上残留的叶片日益减少。秋风一吹，落下几片。秋风又一吹，又落下几片。树本身也许还能做梦，梦到冬去春来，树叶又可以繁茂起来。老年人是没有这种幸福的，他们只能眼睁睁地看着

20世纪80年代初,季羡林回济南开会,"五六十年没有见面的中学老同学又见了面,实在是空前盛会,大家都兴奋异常"。图为当年聚会时,季羡林(右二)、许衍梁(右三)与老友交谈的情景。

叶片日益稀少，淡淡的或浓浓的悲哀压在心头。屠格涅夫的一首散文诗，鲁迅的散文诗《过客》都讲到：眼前最终是一个坟墓，"人生至此，天道宁论"，古人已经叹息过了。我自认为是唯物主义者，知道这是自然规律，不可抗御，无所用其悲哀。但话虽这样说，如果说对生死绝不介意，恐怕是很难做到的。

现在我中小学的同伴生存的已经绝无仅有了，衍梁的面影，也夹在许多老朋友的面影中活跃在我的脑海里，等到我自己的面影也活跃在比我更后死的朋友的脑海中时，恐怕再没有谁还会记得起衍梁了。我现在趁着他的面影还在闪动时，写下这一篇短文，希望把他的面影保留得尽可能长一些。我现在能做的也就只这些了，呜呼，真叫做没有法子。

1987 年 7 月 23 日

老马识途

无论是在文章中,还是在口头上,"老马识途"是常常使用的一个典故。由于使用的频率颇高,因此而变成了一句俗语。

这个典故的出处是《韩非子·说林上》,与管仲和齐桓公有关。有一次,齐桓公伐孤竹,"春往冬反,迷惑失道。管仲曰:'老马之智可用也。'乃放老马而随之,遂得道"。不管历史事实怎样,老马的故事是绝对可信的。不但马能识途,连驴、骡、猫、狗等等动物都有识途的本领或者本能。

但是,切不可迷信。

在古代,老马等之所以能够识途,因为它们老走同一条道路,而古代道路的变化很少,道路两旁的建筑物变化也不会大。久而久之,这些牲畜们就记住了。只要把缰绳放开,让它们自由行动,它们必然能找到回家的道路。也许这些牲畜们还有什么"特异功能",我没有研究过,暂且不说。

但是,人类社会前进的速度越来越快,道路和建筑物的变化也越来越大。到了今天,简直一日数变。住在大城市里的人,三天不出门,再一出门,就有可能认不清街道。原来是一片空地,现在却像幻术一样,突然矗立在你的眼前的是一座摩天高楼。原来是一条羊肠小道,现在却突然变成了一条柏油马路。会晕头转向,这不必说了。即使老马一流的动物真有"特异功能",也将无所用其技了。

我就有一个亲身的经验。有一天,我走出北大南门到黄庄邮局去,我在海淀已经住了将近半个世纪,是这里的一匹地地道道的老马。我也颇有自信,即使把我的眼蒙住,我也能够找回家来。然而,这一回我却出了丑,现了眼。我走了一条新路,一走出去,是一条大马路,车如流水马如龙。我一时傻了眼:这是什么地方呀?我的黄庄在哪里呀!我一时目眩口呆,只觉得天昏地转,大有白天"鬼挡墙"之感。我好不容易定了定神,猛抬头看到马路上驶过去的332路公共汽车,我才如梦方醒,终于安全地走回到了学校。

像我这样一匹老马,脑筋是"难得糊涂"的,眼耳都还能准确地使用;然而在距北大咫尺之地竟然栽了这样一个跟头,这个跟头在我心中摔出了一个"顿悟"。我悟到,千万不要再迷信老马识途,千万不要在任何方面,包括研究学问方面以老马自居。到了现在,我觉得倒是"小马识途"。因为年轻人无所蔽,无所惧,常常出门,什么摩天大楼,什么柏油马路,在他们眼中都很平常。

我们这些老马千万要向小马学习。

1997年5月9日

迎春杂感

"人生易老天难老",每年都有一个春节,今年的春节又快来到了。可是,解放15年以来,每届春节,我的感受都有所不同,心情也就不一样。年年有喜事,岁岁乐满怀,而且是一年比一年乐。

今年春节我的心情怎样呢?

先从老话谈起。在解放前,我曾在欧洲住过十年多。在这一段漫长时间内,我的心情一直是抑郁的;因为,随时随地,我都被提醒我是一个中国人,而"中国人"这个词儿在当时是并不光彩的。租房子,会碰到困难,在英国尤甚。旅行,会碰到困难。甚至走在街上,坐在饭馆子里,也会遇到一些意外的"横祸"。见到人,人家总问我:"你是日本人吗?"第一次这样问,我没有在意。第二次,第三次又这样问,这就引起了我的疑心。我问:"你为什么不问我是不是中国人呢?"对方说:"我这样问曾碰过日本人(当然是那些法西斯分子)的钉子。"于是我的心头投上了一片暗影,沉沉地压在那里,一压就压了十年多。

解放以后,我又曾多次出国。每一次出国我都有新的感受。我觉得,新中国在日新月异地变,外国人对中国人的看法也在随着变。"中国人"这一个词儿越来越增添着光辉,它已经走向它解放前涵义的反面了。

去年夏天,我参加中国教育代表团访问非洲。从开罗到卡萨布兰卡，从阿尔及尔到巴马科、科纳克里、阿克拉。所到之处，迎接我们的都是亲切的笑容、温暖的双手。从政府领导人，一直到工厂里的工人，农村的农民，学校里的大学生和小学生，都把我们看成是亲密的朋友，有的人甚至把我们称作"兄弟"。我们随时随地沉浸在真挚的友谊中。这些人绝大部分都没有到过中国，有的人甚至从来没有见过中国人。但是他们向往新中国，热爱新中国，感觉到同中国人民同命运共呼吸。他们有一些人读过毛主席的书，对这一位伟大人物有真诚的尊敬，他们说毛主席是"革命的灯塔"。

最使人感动的是这些国家的小孩子们。这些天真无邪的儿童们对于世界大事不一定很明了，对于自己祖国同中国的关系不一定很清楚。他们可能只是从父母和老师的嘴里听到了一些关于中国的情况，于是就在小小的心灵里埋上了一颗向往和热爱中国的种子。见到我们，眼前总算是看到中国人了。这种子就开了花，结了果。他们向我们欢呼鼓掌，有的也不知从哪里学来了一句中国话："你好"，这时也搬了出来。有的甚至喊："北京——毛泽东"、"北京——周恩来"。有的什么也不说，只用自己的语言说："中国人，中国人！"这个词儿是我当年住在欧洲时听惯了的。然而，今天听起来，味儿却同当年大不相同。我只觉得它异常顺耳，异常亲切，异常甜蜜，异常动人；我感到自豪。

还有一件使我感到自豪的事情，这就是，我在许多国家都遇到中国的专家。这些人背离乡井，来到迢迢几万里之外的地方，在同祖国迥乎不同的气候条件和生活条件下，同当地的工人农民同吃同住同劳动，创造出许多奇迹。他们从来不考虑自己的生活问题，只是一心一意地为当地人民服务。当地人民也不把他们当成是外国人。这同其他一些国家的所谓专家一比，形成了鲜明的对照，这些人一下飞机，就提出不知道多少条件：要冷气设备，要电气冰箱，要延长假期，要带家眷，要汽车，要洋房，要外汇，要这要那。这不能不使我想到，如今作为一个中国人，是多么值得自豪啊！

当然，我们应该坚决反对大国沙文主义。在历史上，我们同许多国家互相学习。今天，我们对各国人民的革命斗争，又是互相支援。我们把这些国家的人民看作自己的亲人，自己的兄弟，彼此血肉相连，休戚相关，为一个共同的伟大目标而努力奋斗。

今年，当春回大地的时候，我心里想到的就是这一些事情。春天是刮东风的。虽然"东风压倒西风"是一句象征性的话，但是，从全世界革命形势的发展来看，从亚洲、非洲、拉丁美洲人民对中国人民的态度来看，在这个春天开始的时候，我就不由自主地想到这一句话，而且了解到这一句话的真正涵义。瞻望前途，快乐满怀。

1965年1月

新年述怀

记得自己小的时候,总嫌日子过得太慢,总盼着日头和月亮飞得快一点,好尽快地过新年,吃点好东西,热闹一番。一转瞬间,自己已届古稀之年。现在总嫌日子过得太快,总恨没有办法把日头和月亮拖住,不让它们向前再走,新年对我一点诱惑力都没有了。

但是,对于今年的新年,我还是充满了热切的希望的,希望好好地过它一过。

难道说我返老还童了吗?可以说是的,也可以说不是。我年逾花甲,也已过了十年,但是从无老的感觉。可是从今年年初起,也许是"古稀"这两个字对我起了无形的作用,我觉得自己确实是渐渐地老起来了。

觉得自己老也不一定是坏事情。越觉得自己老,就越寄希望于青年;越寄希望于青年,就对青年越有感情。新陈代谢,自然规律。这一点我早已参透,对自己思想感情没有一点影响,可以说是无动于衷。对青年的感情却是真切实在的。

我自己一生几乎都在北京大学工作。但在过去的三十几年中,对青年不能说一点感情都没有,但感情总不够深切。原因大概就是自己还没有老,就感觉不到青年之可贵与可爱。今天情况完全不同。我一看到青年,就会想到:世界是他们的,未来是他们的,将来的一切伟大光荣的担子都会加到他们身上。他们浑身洋溢着青春活力,就像那东升的旭日、初绽的鲜花。

想到这一些，连我自己仿佛也年轻了起来。

尽管人类有时候也做一些不聪明的事情，但是对于人类前途，我还是充满了信心的：将来会胜于现在，青年总会胜于老年。人类的前途无限光辉灿烂。

就为了这一个缘故，我对今年的新年也充满了殷切的期望。我在这里向全校的青年同学，中、老年教师职工祝贺新年。祝愿我们在新的一年内共同进步，自强不息，使我们对着人类最高理想大同之域更向前走上一步。

1981 年 12 月 18 日

八十述怀

我从来没有想到,我能活到八十岁;如今竟然活到了八十岁,然而又一点也没有八十岁的感觉。岂非咄咄怪事!

我向无大志,包括自己活的年龄在内。我的父母都没有活过五十;因此,我自己的原定计划是活到五十。这样已经超过了父母,很不错了。不知怎么一来,宛如一场春梦,我活到了五十岁。那时正值所谓三年自然灾害。我流年不利,颇挨了一阵子饿。但是,我是"曾经沧海难为水",在二次世界大战时,我正在德国,我经受了而今难以想象的饥饿的考验,以致失去了饱的感觉。我们那一点灾害,同德国比起来,真如小巫见大巫;我从而顺利地度过了那一场灾难,而且我当时的精神面貌是我一生最好的时期,一点苦也没有感觉到,于不知不觉中冲破了我原定的年龄计划,渡过了五十岁大关。

五十一过,又仿佛一场春梦似的,一下子就到了古稀之年,不容我反思,不容我踟蹰。其间跨越了一个"十年浩劫"。我当然是在劫难逃,被送进牛棚。我现在不知道应当感谢哪一路神灵:佛祖、上帝、安拉;由于一个万分偶然的机缘,我没有走上绝路,活下来了。活下来了,我不但没有感到特别高兴,反而时有悔愧之感在咬我的心。活下来了,也许还是有点好处的。我一生写作翻译的高潮,恰恰出现在这个期间。原因并不神秘:我获得了余裕和时间。在浩劫期间,我被打得一佛出世,二佛升天。后来不打不骂了,我却变成了"不可接触者"。在很长时间内,我被分配挖大粪,看门房,守电话,发信件。没有以前的会议,没有以前的发言。没有人敢来找我,很少人有勇气同我谈上几句话。一两年内,没收到一封信。我服从任何人的调遣与指挥,只敢规规矩矩,不敢乱说乱动。然而我的脑筋还在,我的思想还在,我的感情还在,我的理智还在。我不甘心成为行尸走肉,我必须干点事情。二百多万字的印度大史诗《罗摩衍那》,就是在这时候译完的。"雪夜闭门写禁文",自谓此乐不减羲皇上人。

又仿佛是一场缥缈的春梦,一下子就活到了今天,行年八十矣,是古人称之为耄耋之年了。倒退二三十年,我这个在寿命上胸无大志的人,偶尔也想到耄耋之年的情况:手拄拐杖,白须飘胸,步履维艰,老态龙钟。自谓这种事情与自己无关,所以想得不深也不多。哪里知道,自己今天就到了这个年龄了。今天是新年元旦。从夜里零时起,自己已是不折不扣的八十老翁了。然而这老景却真如古人诗中所说的"青霭入看无",我看不到什么老景。看一看自己的身体,平平常常,同过去一样。看一看周围的环境,平平常常,同过去一样。金色的朝阳从窗子里流了进来,平平常常,同过去一样。楼前的白杨,确实粗了一点,但看上去也是平平常常,同过去一样。时令正是冬天,叶子落尽了,但是我相信,它们正蜷缩在土里,做着春天的梦。水塘里的荷花只剩下残叶,"留得残荷听雨声",现在雨没有了,上面只有白皑皑的残雪。我相信,荷花们也蜷缩在淤泥中,做着春天的梦。总之,我还是我,依然故我;周围的一切也依然是过去的一切……

我是不是也在做着春天的梦呢?我想,是的。我现在也处在严寒中,我也梦着春天的到来。我相信英国诗人雪莱的两句话:"既然冬天已经到了,春天还会远吗?"我梦着楼前的白杨重新长出了浓密的绿叶;我梦着池塘里的荷花重新冒出了淡绿的大叶子;我梦着春天又回到了大地上。

可是我万万没有想到,"八十"这个数目字竟有这样大的威力,一种神秘的威力。"自己已经八十岁了!"我吃惊地暗自思忖。它逼迫着我向前看一看,又回头看一看。向前看,灰蒙蒙的一团,路不清楚,但也不是很长。确实没有什么好看的地方。不看也罢。

而回头看呢,则在灰蒙蒙的一团中,清晰地看到了一条路,路极长,是我一步一步地走过来的,这条路的顶端是在清平县的官庄。我看到了一片灰黄的土房,中间闪着苇塘里的水光,还有我大奶奶和母亲的面影。这条路延伸出去,我看到了泉城的大明湖。这条路又延伸出去,我看到了水木清华,接着又看到德国小城哥廷根斑斓的秋色,上面飘动着我那母亲似的女房东和祖父似的老教授的面影。路陡然又从万里之外折回到神州大地,我看到了红楼,看到了燕园的湖光塔影。令人泄气而且大煞风景的是,我竟又看到了牛棚的牢头禁子那一副牛头马面似的狞恶的面孔。再看下去,路就缩住了,一直缩到我的脚下。

在这一条十分漫长的路上,我走过阳关大道,也走过独木小桥。路旁有深山大泽,也有平坡宜人;有杏花春雨,也有塞北秋风;有山重水复,也有柳暗花明;有迷途知返,也有绝处逢生。路太长了,时间太长了,影子太多了,回忆太重了。我真正感觉到,我负担不了,也忍受不了,我想摆脱掉这一切,还我一个自由自在身。

回头看既然这样沉重,能不能向前看呢?我上面已经说

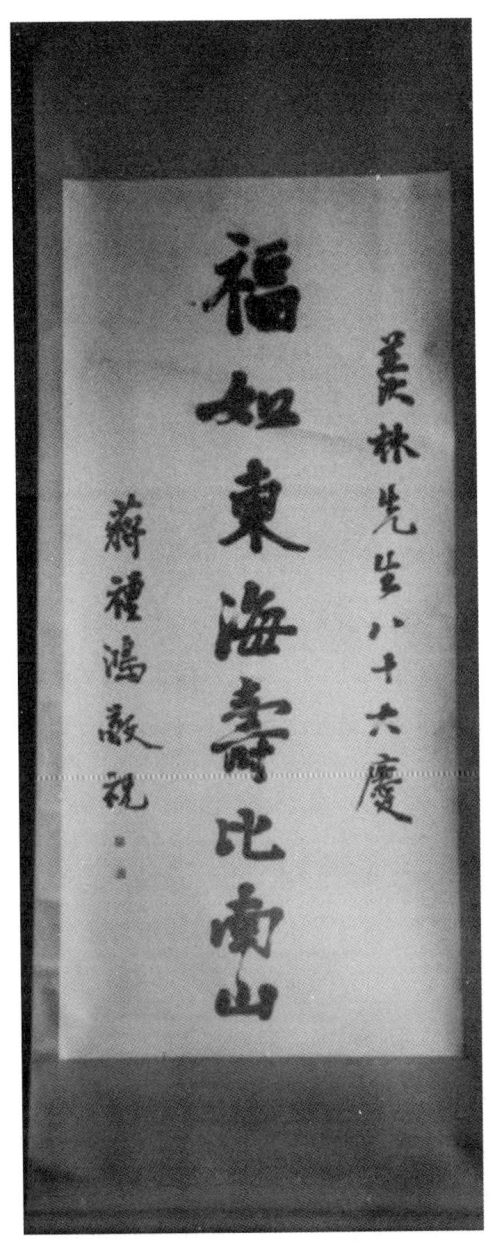

"'自己已经八十岁了!'我吃惊地暗自思忖。"图为季羡林八十大寿时,蒋礼鸿为其所题之词。

到，向前看，路不是很长，没有什么好看的地方。我现在正像鲁迅的散文诗《过客》中的那一个过客。他不知道是从什么地方走来的，终于走到了老翁和小女孩的土屋前面，讨了点水喝。老翁看他已经疲惫不堪，劝他休息一下。他说："从我还能记得的时候起，我就在这么走，要走到一个地方去，这地方就在前面。我单记得走了许多路，现在来到这里了。我接着就要走向那边去……况且还有声音在前面催促我，叫唤我，使我息不下。"那边，西边是什么地方呢？老人说："前面，是坟。"小女孩说："不，不，不的。那里有许多野百合，野蔷薇，我常常去玩，去看他们的。"

我理解这个过客的心情，我自己也是一个过客。但是却从来没有什么声音催着我走，而是同世界上任何人一样，我是非走不行的，不用催促，也是非走不行的。走到什么地方去呢？走到西边的坟那里，这是一切人的归宿。我记得屠格涅夫的一首散文诗里，也讲了这个意思。我并不怕坟，只是在走了这么长的路以后，我真想停下来休息片刻。然而我不能，不管你愿意不愿意，反正是非走不行。聊以自慰的是，我同那个老翁还不一样，有的地方颇像那个小女孩，我既看到了坟，也看到野百合和野蔷薇。

我面前还有多少路呢？我说不出，也没有仔细想过。冯友兰先生说："何止于米？相期以茶。""米"是八十八岁，"茶"是一百零八岁。我没有这样的雄心壮志。我是"相期以米"。这算不算是立大志呢？我是没有大志的人，我觉得这已经算是大志了。

我从前对穷通寿夭也是颇有一些想法的。"十年浩劫"以后，我成了陶渊明的志同道合者。他的一首诗，我很欣赏：

纵浪大化中，不喜亦不惧。

应尽便须尽，无复独多虑。

我现在就是抱着这种精神，昂然走上前去。只要有可能，我一定做一些对别人有益的事，决不想成为行尸走肉。我知道，未来的路也不会比过去的更笔直，更平坦。但是我并不恐惧。我眼前还闪动着野百合和野蔷薇的影子。

1991年1月1日

1995年元旦抒怀
——求仁而得仁,又何怨!

是不是自己的神经出了点毛病?最近几年以来,心里总想成为一个悲剧性人物。

六十年前,我在清华大学念书的时候,有一门课叫做"当代长篇小说"。英国老师共指定了五部书,都是当时在世界上最流行的,像今天名震遐迩的乔伊斯的《尤利西斯》和普鲁斯特的《追忆逝水年华》都包括在里面。这些书我都似懂非懂地读过了,考试及格了,便一股脑儿还给了老师,脑中一片空白,连故事的影子都没有了。

独独有一部书是例外,这就是英国作家哈代的 The Return of the Native(《还乡》)。但也只记住了一个母亲的一句话:"我是一个被儿子遗弃了的老婆子!"我觉得这个母亲的处境又可怜,又可羡。怜容易懂,羡又从何来呢?人生走到这个地步,也并不容易。在人生的道路上,每一个人都是孤独的旅客。与其舒舒服服,懵懵懂懂活一辈子,倒不如品尝一点不平常的滋味,似苦而实甜。

我这种心情有点变态,但我这个人是十分正常的。这大概同我当时的处境有关。离别了八年以后,我最爱的母亲突然离开了人世,走了。这对我是一个空前绝后的打击。我从遥远的故都奔丧回家。我真想取掉自己的生命,追陪母亲于地下。我们家住在村外，家中只有母亲一人。现在人去屋空。我每天在村内二大爷家吃过晚饭，在薄暮中拖着沉重的步子，踽踽独行，走回家来。大坑里的水闪着白光。柴门外卧着一团黑乎乎的东西，是陪伴母亲度过晚年的那一只狗。现在女主人一走，没人喂食。它白天到村内不知谁家蹭上一顿饭（也许根本蹭不上），晚上仍然回家，守卫着柴门，决不离开半步。它见了我，摇一摇尾巴，跟我走进院子。屋中正中停着母亲的棺材，里屋就是我一个人睡的土炕。此时此刻，万籁俱寂，只有这一条狗，陪伴着我，为母亲守灵。我心如刀割，抱起狗来，亲它的嘴，久久不能放下。人生至死，天道宁论！在茫茫宇宙间，仿佛只剩下我和这一条狗了。

是我遗弃了母亲吗？不能说不是：你为什么竟在八年的长时间中不回家看一看母亲呢？不管什么理由，都是说不通的，我万死不能辞其咎。哈代小说中的母亲，同我母亲的情况是完全不一样的。然而其结果则是相同或者至少是相似的。我母亲不知多少次倚闾望子，不知多少次在梦中见儿子，然而一切枉然，终于含恨离去了。

我幻想成为一个悲剧性的人物，是不是与此有些关联呢？恐怕是有的。在我灵魂深处，我对母亲之死抱终天之恨，没有任何仙丹妙药能使它消泯。今生今世，我必须背负着这个十字架，我决不会再有什么任何形式的幸福生活，我不是一个悲剧性的人物又是什么呢？

然而我最近梦寐以求的悲剧性，又决非如此简单，我心目中的悲剧，决不是人世中的小恩小怨、小仇小恨。这些能够激起人们的同情与怜恤、慨叹与忧思的悲剧，不是我所想象的那种悲剧。我期望的究竟是什么样的悲剧呢？我好像一时也说不清楚。我大概期望的是类似能"净化"人们的灵魂的古希腊悲剧。相隔上万里,相距数千年,得到它又谈何容易啊!

然而我却于最近于无意中得之,岂不快哉!岂不快哉!这里面当然也有遗弃之类的问题。但并不是自己被遗弃,而是自己遗弃了别人。自己怎么会遗弃别人呢?不说也罢。总之,在我家庭中,老祖走了,德华走了,我的女儿婉如也走了。现在就剩下了我一个孤家寡人,赤条条来去无牵挂了。成为一个悲剧性的人物,条件都已具备,只待东风了。

孔子曰:求仁而得仁,又何怨!

1995年1月2日

虎年抒怀

真没有想到，一转瞬间，自己竟已到了望九之年。前几年，初进入耄耋之年时，对光阴之荏苒，时序之飘逸，还颇有点"逝者如斯夫"之感。到最近二三年来，对时间的流逝神经似乎已经麻痹了，即使是到了新年或旧年，原来觉得旧年的最后一天和新年的第一天，其间宛若有极深的鸿沟，仿佛天不是一个颜色，地不是一个状态，自己憬然醒悟：要从头开始了，要重新"做人"了；现在则觉得虽然是"一元复始"，但"万象"并没有"更新"，今天同昨天完完全全一模一样，自己除了长了一岁之外，没有感到有丝毫变化。什么"八十述怀"之类的文字，再也写不出，因为实在兀"怀"可"述"了。

但是，到了今天，时序正由大牛变成老虎，也许是由于老虎给我的印象特深，几年来对时间淡漠的心情，一变而为对时间的关注，"天增岁月人增寿"，我又增了一年寿。我陡然觉得，这一年实在是非同小可，它告诉我，我明确无误地是增加了一岁。李白诗："高堂明镜悲白发"，我很少照镜子，头顶上的白色是我感觉到的，而不是我亲眼看到的，白色仿佛有了重量，沉甸甸地压在我的头上。至于脸上的皱纹，则我连感觉都没有，我想也不去想它。

不管我的感觉怎样，反正我已经老了，这是一个丝毫也不容怀疑的事实。我已经老到了超过我的计划，超过我的期望。我父亲和母亲都只活了四十多岁，我原来的第一本账是活到五十岁。据说人的寿限是遗传的，我决不会活得超过父母太多。然而，五六十年，倏尔而过。六十还甲子，那时刚从牛棚里放出来，无暇考虑年龄。孔子的七十三，孟子的八十四，也如电光石火，一闪即逝。我已经忘记了原来的计划，只有预算，而没有决算，这实是与法律手续不合。可是再一转瞬，我已经变成了今天的我，已经是孑然一翁矣。按照洋办法，明年应该庆米寿了。

我活过的八十七年是短是长呢？从人的寿命来说，是够长的了。俗话说："人生七十古来稀"，我已经过了古稀之年十七岁，难道还能不算长吗？从另一个观点上来看，它也够长的。这个想法我从来没有过，我也从来没有见任何中外文人学士有过。是我"天才的火花"一闪，闪出来这一个"平凡的真理"。现在，世界文明古国的中国的历史充其量不过说到了五千年，而我活的时间竟达到了五千年的五十分之一，你能说还不够长吗？遥想五千年前，人类可能从树上下来已经有些时候了，早就发明了火，能够使用工具，玩出了许多花样，自称为"万物之灵"。可是，从今天看来，花样毕竟有限，当时所谓"天上宫阙"，可能就是指的月亮，原是可望而不可即的。可是今天人类已经登上了月球，原来笼罩在月宫上的一团神秘的迷雾，今天已经大白于天下了。人世沧桑，不可谓不大，而在这漫长的五千年中，我竟占了将近一百年，难道还能说不够长吗？

人类的两只眼睛长在脸上，不长在后脑勺上，只能向前看，想要向后看，必须回头转身。但是，在我回忆时，我是能向后看的。我看到的是一条极其漫长的隐在云雾中的道路，起点是山东的一个僻远的小村庄。从那里出发，我走到了济南，走到了北京，又走到迢迢万里的德国和瑞士。这一条路始终跟在我的身后，或者毋宁说被我拖在身后。在国外呆了十年多以后，我又拖着这一条路，或者说这一条路拖着我重又回到了我亲爱的祖国。然后，在几十年之内，我的双足又踏遍了亚洲的、非洲的以及欧洲的许多国家，我行动的轨迹当然又变成了路。这一条路一寸也没有断过，它有时曲曲折折，坎坎坷坷，有时又顺顺利利，痛痛快快，在现在的一瞬间，它就终止在我的脚下。但是，我知道，只要我一抬腿，这一条路立即就会开始延伸，一直延伸到那一个长满了野百合花的地方。什么时候延伸到那里，我不知道。但是看来还不会就到的。

近几年来，我读中外学术史和文学史，我有一个还没有听说别人有过的习惯：我先不管这些灿如流星的学者和诗人们的学术造诣，什么人民性，什么艺术性，这性，那性，我都置之不理，我先看他们的生卒年月。结果我有了一个令人吃惊的发现：他们绝大多数活的年龄都不大，一般都是四十、五十、六十岁。那少数著名的夭折的诗人，比如中国的李长吉，英国的雪莱和济慈等暂且不谈，活过古稀之年的真的不多。我年轻时知道德国伟大诗人歌德活了八十二岁，印度伟大的诗人泰戈尔活了八十岁，英国的萧伯纳、俄罗斯的托尔斯泰都活到了超过了八十岁，当时大为赞叹和羡慕。我连追赶他们，步他们后尘的念头，一点也没有，几乎认为那无疑是"天方夜谭"。然而，正如我在上面说过的那样，曾几何时，蓦回头，那一条极长极长的用我的双脚踩成的路，竟把我拖到了眼前。我大吃一惊：我今天的年龄早已超过了他们。我从灵魂深处感到一阵震颤。

我现在的心情是一方面觉得自己还年轻，在北大教授的年龄排名榜上，我离状元、榜眼，还有一大截，我至多排在十五名以后。而且，我还说过到八宝山去的路上，我决不加塞儿。然而，在另一方面，我真觉得自己活得太久了，太累了。几十年的老友不时有人会突然离开了人间，这种"后死者"的滋味是极难忍受的。而且意内和意外的工作，以及不虞的荣誉，纷至沓来。有时候一天接待六七起来访者和采访者。我好像成了医院里的主治大夫，吃饭的那一间大房子成了候诊室，来访的求诊者呼名鱼贯入诊。我还成了照相的道具，"审问"采访的对象，排班轮流同我照相。我最怕摄影者那一声棒喝："笑一笑！"同老友照相，我由衷地含笑，但对某一些素昧平生的人，我笑得起来吗？这让我想到电视剧《瞧这一家子》中那个假笑或苦笑镜头，心中觳觫不安。

每天还有成捆成包的信件报刊。来信的人几乎遍布全国，男女老少都有。信的内容五花八门，匪夷所思，我简直成了无所不能、无所不知的圣人、神人。我的一位老友在他的文中说："季羡林有信必复。"这真让我吃了苦头，我不想让老友"食言"，自己又写不了那么多信，只有乞灵于我的一位多年的助手，还有我的学生，请他们代复，这样才勉强过关。我曾向我的助手说，从今以后再不接受采访，再不答应当什么"主编"、"顾问"，再不写字了。然而话声还没有落地，又来了。来了，再三斟酌，哪一个也拒绝不了，只好自食其言，委曲求全。

这就是我产生矛盾心情的根源。我非常忆念"十年浩劫"中"不可接触者"的生活，那时候除了有时被批斗一下以外，实在很逍遥自在。走在路上，同谁也不打招呼，谁也不同我打招呼，谁也不会怪我，我也不怪任何人。我现在常常想到庄子的话："大块劳我以生，息我以死。"这是真正的见道之言。

我现在有时候真想到死。请大家千万不要误会，我决不会自杀，不必对我严加戒备。人人都是怕死的，我对于死却并不怎样害怕。在1967年，我被"老佛爷"抄了家，头顶上戴的帽子之多之大，令人一看就胆战心惊。我一时想不开，制订了自杀的计划，口袋里装满了安眠药水和药片。我是"资产阶级反动权威"，我只能采用资产阶级的自杀方式，决不能采用封建主义的自杀方式，比如跳水、上吊、跳楼之类。我选择好了自杀的地方，那地方是在圆明园芦苇丛中，轻易不会被人发现的。大概等到秋后割芦苇时我才能被发现，那时我的尸体恐怕已经腐烂得不像样子了。想到这里，我的心能不震动吗？但是我死前的心情却异常平静，我把仅有的一点钱交给婶母和德华，意思是让她们苟延残喘地活下去。然后我正想跳墙逃走时，雄赳赳的红卫兵踹门进来，押解我到大饭厅去批斗。批斗不是好事，然而却救了我一条命。提前批斗的原因是想打我的威风，因为我对"老佛爷"手下那一批喽啰态度"恶劣"。总之，我已到过死亡的边缘上，离死亡的距离间不容发。我知道死前的感觉如何，我觉得没有什么了不起的。因此，从那以后，我认为，死并不可怕，而我能活到今天，多活的这几十年都是白捡的。多活一天，就是白捡一天。我还有一个教训：对恶人或坏人，态度一定要"恶劣"。态度和蔼会导致死亡，态度恶劣则能救命。

我是一个平凡的人。如果说有什么优点的话，那就是我比较勤奋。我一生没有敢偷过懒，一直到今天，我每天仍然必须工作七八个小时。碰巧有一天我没有读书或写作，我在夜间往往辗转反侧难以入睡，痛责自己虚度一天。曹操有一首著名的诗："老骥伏枥，志在千里。烈士暮年，壮心不已。"我对此诗是非常欣赏的。我的毛病是忘乎所以，忘记了自己的年龄。我的所作所为，是"老骥伏枥，志在万里"。我仿佛像英国人所说的teenager。我好像还不知道有多少年好活，脑筋里还不知道有多少读书计划，有多少写作计划好做。一个老年人忘记了自己的年龄，一方面可以说是好事，另一方面则只能说是坏事。这简直近于头脑发昏，头脑一发昏，就敢于无所不为。前两年，我从一米八高窗台上跳下，就是一个好例子，朋友们都替我捏一把"后"汗，我自己也不禁后怕不已。

就这样，我现在的心情是经常在矛盾中，一方面觉得自己活得太久了，太累了，一方面又忘记了自己的年龄；一方面也常提到死，一方面又觉得自己并不怕死，死亡离开自己还颇远。可是矛盾的结果，后者往往占了上风。

在中国"古代诗人"中，苏东坡是我最喜欢者之一。记得十几岁作诗谜时，我采用的就是《苏东坡全集》。虽然不全懂，但糊里糊涂地翻了一遍。最近一两年来，又特爱苏东坡的词，我能够背诵不少首。我独爱其中一首《浣溪沙》。题目是"游蕲水清泉寺，寺临兰溪，溪水西流"。原文是：

> 山下兰芽短浸溪。松间沙路净无泥。萧萧暮雨子规啼。
>
> 谁道人生无再少？门前流水尚能西。休将白发唱黄鸡。

东坡问："谁道人生无再少？"我答曰："我道人生有再少。"我现在就有"再少"的感觉。这是我的现身说法。但是，我的"再少"在我的内心中似乎还是有条件的：吃饭为了活着，但是活着不是为了吃饭，而是为了工作。如果活着只是为了吃饭，还不如不活为佳。值此新年来临之际，我现在虔心祝愿我们全国安定团结，国泰民安。我祝愿全世界不再像现在这样乱糟糟的，狼烟四起，五洲震荡。祝福自己，虎年大吉。

    1998年1月27日旧历元旦前夕

百年回眸

我们眼前正处在一个"世纪末",甚至"千纪末"中。所谓"世纪"是人为地制造成的。如果没有耶稣,哪里来的什么公元;如果没有公元,又哪里来的什么世纪。这种人工制成的东西,不像年、月、日、时,春、夏、秋、冬这些大自然形成的东西,有其产生的必然性,对人类和世界万物有其必然的影响。这是一个十分浅显的道理,一想就能明白的。

可是人造的世纪,偏偏又回过头来对人类的思想和行动产生影响。19世纪的"世纪末"中,欧洲思想界、文学艺术界所发生的颇为巨大的变动,是人所共知的。然而,迄今却还没有得到合情合理的解释。

现在一个新的"世纪末"又来到了我们身边。在这个20世纪的"世纪末"中,全球政治方面的剧烈变动,实在令人有石破天惊之感。在哲学思想、文艺理论等方面的变动,也十分惊人。今天一个"主义",明天一个"主义",令人目不暇接,而所谓"信息爆炸",更搅得天下不安。这些都是事实,至于它们与"世纪末"有否必然的联系,则是说不清楚的一个问题。

也有能完全说得清楚的就是,眼下全世界各国政府,以及一切懂得世纪和世纪末的意义的人士,无不纷纷回顾,回顾即将过去的20世纪,又纷纷瞻望,瞻望即将来临的21世纪。学术界也在忙着总结20世纪的成绩,预想下一个世纪的前景。几乎人人都在犯着神秘莫测的世纪病。

有人称我为"世纪老人",我既感光荣,又感惶恐,因为,我自己还欠一把火,我只在20世纪生活了89年,还差11年才够得上一个世纪,但是,退一步想,我毕竟经历了一个世纪的百分之九十,虽不中,不远矣。回忆一个世纪的经历,我还算是有点资格的。因此,我不揣冒昧,就来一个"世纪回眸",谈一谈我在过去一个世纪中的亲身感受。

我一向有一个看法,我觉得,每一个人的一生都是一场拼搏。人的降生,都是被动的,并非出于个人愿望。既然来到人间,就必须活下去。然而,活下去却并不容易,包括旧时代的皇帝在内,馅饼并不从天上自动掉到你的嘴里来,你必须去拼搏。这是一个人生存的首要任务。我从1911年起,就拼搏着前进,有时走阳关大道,有时走独木小桥。有时风和日丽,有时阴霾蔽天,拼呀拼,一直拼到今天,总算还活着,我的同龄人有的已经离开了这个世界。我现在的情况可以拿一句旧诗来形象地描绘出来:"删繁就简三秋树。"我这一个叫片身边老叶片不多了,怎能没有凄清寂寞之感呢?

再谈这一百年来我亲身经历的世界大事和国家大事。我经历过清朝帝国,虽然只有两个多月,毕竟还得算是清朝"遗小"。我经历过辛亥革命,经历过洪宪称帝,经历过军阀混战,经历过国民党统治,经历过日寇入侵,经历过抗日战争,其间我在欧洲住过十年,亲身经历了"二战",又经历过解放战争,经历过中华人民共和国的建立。建立以后,眼前虽然有了希望了,然而又今天斗,明天斗,这次我斗你,下次你斗我,搅得知识分子如我者,天天胆战心惊,如履薄冰,斗到了1966年,终于斗进了牛棚。改革开放以后,松了一口气,然而人已垂垂老矣。

从世界范围内来看，西方工业革命以后，科技的发展给全世界人民带来极大的福利，无远弗届。这我们决不会忘记。然而跟着来的却是无穷无尽的灾害和弊端，举其荦荦大者，如环境污染，空气污染，生态平衡破坏，臭氧层出洞，人口爆炸，新疾病产生，淡水资源匮乏，如此等等，不一而足。上面列举的弊端，都与工业生产有紧密联系，哪一个弊端不消除，也能影响人类生存的前途。现在，有识之士，奔走惊呼，各国政府也在努力设立专门机构，企图解决这些问题。"天之骄子"的人类何去何从？实在成了"世纪末"的一大问题。

再说到我自己。我从1911年就努力拼搏，拼搏了一生，好像是爬泰山南天门。我不想"会当凌绝顶，一览众山小"。我只是不得不爬而已。有如鲁迅《野草》中的那一位"过客"，只有努力向前。我想起了两句旧诗："马后桃花马前雪，教人哪得不回头？"我想把这诗改为："马前桃花马后雪，教人哪得肯回头？"我的"马前"当然指的是21世纪，"马后"就是即将过去的20世纪。"马后雪"，是可以肯定的。"马前桃花"，却只是我的希望。我真是万分虔诚地期望着，21世纪将会是桃花开满了普天之下，绚丽芬芳，香气直冲牛斗。

1998年10月15日

世纪回眸

我被姚明大姐尊为世纪老人,心里颇有点忐忑不安,觉得还欠一把火。因为我在本世纪只活了八十九年,还差十一年才够一百年。但是,如果四舍五入的话,也就八九不离十,我可以心安理得了。

可是,如果让我讲一点世纪感想之类的东西,我却还真有点困难,一部二十四史,不知从何处说起了。

从时间上来看,过去的一个世纪几乎可以整整齐齐地切为两半,前一半是所谓旧社会,后一半就是新社会。前一半经历过许多大的事变:大清帝国、中华民国、洪宪王朝、军阀混战、国民党政府、第一次国内革命战争、日寇侵略、第二次国内革命战争,一直到新中国的建立。在后一半中,虽然没有像前一半那样有那么剧烈的变化,然而,道路也并不平坦。总的发展趋势是,光明——黑暗——光明,光明将把我们带向21世纪。

姚明大姐主办《老人天地》,沙洪同志妇唱夫随,也关心老人事业。我作为老人之一,对他们表示衷心的谢意。我对我国的老人事业有一些想法,想借这个机会表白一下。

首先,我觉得,现在我国规定60岁为老年,这有点太性急了,在旧社会这样规定是可以的,当时我国的平均寿命不高。可是现在情况大大地改变了,平均寿命几乎增加了一倍。60岁正是有所作为的时期,绝大多数60岁的人满头黑发,精力旺盛。在我眼中,他们正当壮年,怎么一下子竟把他推向老年，打入另册呢，这对人尽其力是极不妥的。

"老龄化社会"这样的词儿，我总疑心是舶来品，是西方实用主义社会的产品。表面上似乎是尊重老年人，实际上却是想告诉老年人："你不行了，不中用了，要靠社会来赡养了。"我不知道，西方的老人对此有什么反应。我作为一个中国的老人认为，中国传统的伦理道德是尊重老人的。现在弄来了这样的洋玩意儿，天天在我耳边聒噪，心里很不耐烦。我看到很多60岁以上的老人，仍然鼓足干劲，认真做着自己的工作，并没有都成为社会的负担。我希望，好心人不必这样担心，不必这样天天聒噪，让我们老人耳根清静，安心干自己的活。

在常常提到的几句话中有"老有所乐""老有所养""老有所为"等等，我认为应该强调"老有所为"，给老人多鼓干劲，我想多数的老年人会乐意听的。我看到不少的老人真正是"老骥伏枥，志在千里；烈士暮年，壮心不已"。有这样的一些老年人，即使按照西洋的标准，一个城市甚至整个国家都进入了老龄化城市、老龄化国家的范畴，天也塌不下来。人类的年龄将会越来越高，这是一切科学家都承认的事实，将来全球都会老龄化的。现在有些人就天天吆喝"老龄化""老龄化"，真正是"可怜无补费精神"。

1999 年 6 月 17 日

梦游 21 世纪

21 世纪就在眼前,不久我们就能够亲身莅临,何劳梦游?但是,我们眼前还毕竟是处在 20 世纪中,要谈 21 世纪,只能梦游了。

21 世纪究竟是个什么样子呢?我不相信 20 世纪的最后一天和 21 世纪的最初一天会有什么区别。早晨,太阳照样从东方出来;晚上,太阳照样在西方落下,一切几乎都一模一样。

但是,我认为,既然是 21 世纪,必然有其特点,不过,这个特点决不会一下子就显露出来的,这是一个缓慢的逐渐显露的过程。在这个世纪的初叶,只能渐露端倪,到了 2050 年左右,它已如日中天,整个特点都会毫无保留地显露出来了。

对于那一些特点,我现在只能做梦。

我梦到,近几百年以来,西方的科学技术给人民,全世界人民带来了空前的幸福;但是,其基础是"征服自然",与自然为敌,因而受到了大自然的惩罚,产生了许多弊端,比如大气污染、环境污染、生态失衡、物种灭绝,如此等等,不一而足。切盼到了 21 世纪能有所改变,能改恶向善。要想做到这一点,必须以东方"天人合一"的思想,济西方思想之穷,也就是说,人类必须同大自然为友,双方互相了解,增强友谊,然后再伸手向大自然要衣,要食,要住,要行。只有这样,人类才能避免现在面临的这一些灾难。

我梦到,我们的国家继续安定团结,繁荣昌盛下去。政府中减少了官气，社会上杜绝了假冒伪劣。人民的伦理道德水平提高，人文素质教育加强。五十六个民族团结得像一个人。南方不再洪水泛滥，北方没有森林火灾。天比现在蓝，水比现在清，一片祥和气象。

我梦到，在每一个家庭里，父慈子孝，兄友弟恭，夫妻相敬相爱，相忍相让。像眼前这样的一些青年对恋爱和婚姻的轻率态度，再也看不到了。对待爱情坚贞真实，谁也不做露水夫妻，把离婚当作家常便饭。原本温馨的家庭更温馨了，原本不温馨的家庭变得逐渐温馨起来。在任何时代，人生都是一场搏斗，搏斗就难免惊涛骇浪。在这样的浪涛中，有胜利者，当然也有失败者。在整个社会中，家庭对这样的浪涛来说，就是一个安全的避风港。胜利者回到这个避风港中，在温馨的气氛中，细细品味这胜利的甜蜜；失败者回到这个避风港中，追忆和分析失败的教训，家庭的温馨会增强他的斗志。回忆之余，奋然而起，他又有了足够的勇气和力量，再回到社会中，继续拼搏，勇往直前，必须胜利在握而后止。家庭的作用大矣哉！

我梦到，个人也有了新的变化和起色。对世界来说，他是一个世界公民。对国家来说，他是一个国家公民。对社会来说，他是其中的一分子。他应当在道德方面不断修养和锻炼，能做到苟日新，又日新，日日新，成为一个有用的人，成为一个正直的人。对世界，对国家和社会，对家庭都能尽上应尽的责任。他决不应当像杨花柳絮一样，虽然一时能飞满春城，但是随风飘荡，毫无自主能力，到头来，虽然给骚人墨客增添一些灵感，写出了美妙绝伦的诗词，自己最终却落到泥土地上，化为尘埃，消逝得无影无踪。

我想做和能做的梦还有很多很多，今天就先做这一些，至

"胜利者回到这个避风港中,在温馨的气氛中,细细品味这胜利的甜蜜;失败者回到这个避风港中,追忆和分析失败的教训,家庭的温馨会增强他的斗志。"图为季羡林一家在垂杨柳五弟家中,前排是季羡林(左二)、彭德华(右三)、内弟彭松(右二)、弟媳(左一)、季婉如(二排左二)、季承(三排右一)。

于能否成为现实，那就不能由我来决定，这要由每一个人自己决定，一方面要奋发图强，另一方面还必须靠点机遇，两者缺一不可。不管怎么样，我的梦是异常美妙的。我切盼，到了21世纪某一个时刻，我的梦能够完全实现，喜气盈大地，春色满寰中，全世界人民共庆升平。

1999 年 10 月 23 日

豪情半怀迎新纪

再过十八天,一个新的世纪和千纪就要降临到人间了。

世纪和千纪这玩意儿本来是人为地创造出来的。没有耶稣,何来世纪与千纪?但它一旦被创造出来,就对人类的心理产生了作用。至少是在最近的几个世纪的世纪末,人类社会,特别是在意识形态方面,就发生变异。这有历史为证,决不是信口雌黄。

现在又是世纪末了,中国以及世界各国的有识之士纷纷对即将来临的新世纪作出种种五花八门的预测和期望。我自己不敢以有识之士自居,但我是有脑筋,能思考的,我对21世纪也有我的期望。

最近若干年以来,我对世界文化的区分形成了一种看法。我认为,文化确实有东西之分的。西方文化以分析的思维模式为基础,对物质一分再分,认为可以无穷尽地分析下去;对大自然则抱着"征服自然"的态度,诛求无餍。结果产生的弊端是人所共见的,比如环境污染、大气污染、生态平衡破坏、生物灭种、人口爆炸、新疾病产生、淡水资源匮乏,等等,等等,无一不威胁着人类生存的前途。

东方文化以综合思维模式为基础,主张"天人合一",也就是张载所说的:"民,吾同胞;物,吾与也。"人类要与大自然做朋友,不能征服自然。这种思想中国和东方其他一些国家是固有的。但是,近代以来,受了西方产业革命的影响,也有与大自然为敌的现象。在西方思想垄断世界思想的情况下，这是不可避免的。

我补充几句，西方也有综合的一方面，东方也有分析的一方面，不过不是主流而已。天下没有绝对纯之又纯的东西。

我对新世纪、新千年的期望，就是根据上面的想法而产生的。我期望，在新的世纪中，东西文化都将继续发展下去，而且会互相融合。但是，融合是有主次的，必须以东方文化济西方文化之穷，以东方"天人合一"的思想为中轴线而运转。

我这个看法，有人赞成，有人反对。赞成当然能使我高兴，反对也不能使我不高兴。因为21世纪毕竟还没有来到，一切对它的想法都只是像那个民间笑话"近视眼猜匾"一样的主观臆见。我对于这个问题不同任何人争论，在匾还没有挂出来之前，争论都是放空炮，"可怜无补费精神"。

就算是猜匾吧，我对21世纪这一块匾猜出了什么字没有呢？我猜出的字上面说了一点。最近读到浙江文艺出版社出版的《李政道文录》和金吾伦先生的《李政道、季羡林和物质是否无限可分》（《书与人》1999年第5期），颇得到一些极为宝贵的启发。我发现，李政道的一些看法与鄙见颇有相同和相似之处，实在是于我"心有戚戚焉"。我现在抄几段李政道先生的原文：

> 以为知道了基本粒子，就知道了真空，这种观念是不对的 我觉得，基因组也是这样，一个个地认识了基因，并不意味着解开了生命之谜。生命是宏观的，20世纪的文明是微观的。我认为，到了21世纪，微观和

宏观结合成一体。(上引书，页89)

李政道在几个地方都提到微观与宏观相结合。我认为，他的"微观"和我说的分析的思维模式相当，至少是相似。他的"宏观"与我说的综合的思维模式相当。现在再引一段话：

> 现在我们猜不到21世纪的文化是什么，就如同在19世纪我们猜不到20世纪的文化将是怎样一样。同样，若我们真能激发真空的话，很可能我们对宇宙的了解要远远超过20世纪。将来的历史会写上：是在我们这个时代，把微观的世界与宏观的世界用科学的方法连接起来。(引书同上，页182)

文多不具引。最好请读者看一看这一本非常有意义的新书，会从中得到很多教益的。我现在再强调一下，微观与宏观相结合，重点应该放在过去被忽视了的宏观上。

题目本应是"豪情满怀迎新纪"，但我对21世纪还有一些问号，所以改为"半怀"。

1999年12月19日

新世纪新千年寄语

人们往往有这样的经验：过去带来惆怅，现在带来迷惘，未来带来希望。

现在，一个新世纪、新千年就要来到我们眼前了。这正是人们让幻想驰骋对未来提出希望的最佳时刻。

在我国报刊、杂志上，在开会的发言中，人们确实已经提出了五花八门的希望。我想，全世界恐怕也是这个样子吧。许多政治家、文学家、艺术家、学者、商业界的大款等等都提出了自己的希望，希望政治如何如何，希望经济如何如何，希望文学如何如何，希望学术如何如何，希望人文素质如何如何，让人眼花缭乱，煞是热闹。然而独独没有人，至少是很少有人提出如何处理好人与自然的关系问题，而我个人认为，这才是未来的关键。

恩格斯在《自然辩证法》中说："我们不能过分陶醉于我们对自然界的胜利，对于每一次这样的胜利，自然界都报复了我们。"恩格斯真不愧是马克思主义奠基人之一。在一百多年以前，当时自然界对人类的报复还不太显著，或者只能说是初露端倪；可是伟大的恩格斯已经注意到了，而且给世人敲响了警钟。对这样天才的预见和警告，我们能不五体投地地赞佩吗？

眼前世界的形势已经充分证明了恩格斯预见之伟大与睿智。许多自然界的和人类社会的现象已经充分证明了自然界正在日益强烈地对我们人类进行着报复。稍有头脑的人都能看到，例子是不胜枚举的。

然而我们的反应怎样呢？除了少数有识之士外，大多数人，包括一些国家的领导人在内还在懵懵懂懂，驰骋于蜗角，搏斗于蚁冢。美国在演着总统选举的闹剧，中东在演着巴以冲突的悲剧。全球狼烟四起，动荡混乱，如果真有一个造物主的话——我不相信真有——他站在宇宙某一个地方，俯视地球村里的几台大戏正在演得红红火火，难道他不会像我们人类一样，看到地上的蚁群厮杀，积尸满地，流血——蚂蚁不知有血没有？——成沟，不禁莞尔而笑吗？

我虔诚希望，我们人类要同大自然成为朋友，不要再视它为敌人，成了朋友以后，再伸手向它要衣，要食，要一切我们需要的东西。

这就是我的新千年寄语。

2000年12月11日

九三述怀

前几天，在医院里过了一个生日，心里颇为高兴；但猛然一惊：自己已经又增加了一岁，现在是九十三岁了。

在五十多年前，当我处在四十岁阶段的时候，九十三这个数字好像是一个天文数字，可望而不可即。我当时的想法是：我大概只能活到四五十岁。因为我的父母都没有超过这个年龄，由于X基因或Y基因的缘故，我决不能超过这个界限的。

然而人生真如电光石火，一转瞬间已经到了九十三岁。只有在医院里输液的时候感到时间过得特别慢以外，其余的时间则让我感到快得无法追踪。

近两年来，运交华盖，疾病缠身，多半是住在医院中。医院里的生活，简单而又烦琐。我是因一种病到医院里来的，入院以后，又患上了其他的病。在我入院前后所患的几种病中，最让人讨厌的是天疱疮。手上起泡出水，连指甲盖下面都充满了水，是一种颇为危险的病。从手上向臂上发展，发展到一定的程度，就有性命危险。来到三〇一医院，经李恒进大夫诊治，药到病除，真正是妙手回春。后来又患上了几种别的病。有一种是前者的发展，改变了地方，改变了形式，长在了右脚上，黑黢黢脏兮兮的一团，大概有一斤多重。我自己看了都恶心。有时候简直想把右脚砍掉，看你这些丑类到何处去藏身！幸亏老院长牟善初的秘书周大夫不知从哪里弄到了一种平常的药膏，抹上，立竿见影，脏东西除掉了。为了对付这一堆脏东西,三〇一医院曾组织过三次专家会诊,可见院领导对此事之重视。

你想到了死没有?想到过的,而且不止一次。不这样也是不可能的。人类是生物的一种,凡是生物,莫不好生而恶死,包括植物在内,一概如此。人们常说:好死不如赖活着。江淹《恨赋》中说:"自古皆有死,莫不饮恨而吞声。"我基本上也不能脱这个俗。但是,我有我的特殊经历,因此,我有我的生死观。我在"十年浩劫"中,实际上已经死过一次。在《牛棚杂忆》中对此事有详细的叙述,我在这里不再重复。现在回忆起来,让我吃惊的是,临死前心情竟是那样平静,那样和谐。什么"饮恨",什么"吞声",根本不沾边儿。有了这样的独特的经历,即使再想到死,一点恐惧之感也没有了。

总起来说,我的人生观是顺其自然,有点接近道家。我生平信奉陶渊明的四句诗:"纵浪大化中,不喜亦不惧。应尽便须尽,无复独多虑。"在这里一个关键的字是"应"。谁来决定"应""不应"呢?一个人自己,除了自杀以外,是无权决定的。因此,我觉得,对个人的生死大事不必过分考虑。

我最近又发明了一个公式:无论什么人,不管是男是女,不管是外国人还是中国人,也不管是处在什么年龄阶段,同阎王爷都是等距离的。中国有两句俗话:"阎王叫你三更死,不能留人到五更。"这都说明,人们对自己的生死大事是没有多少主动权的。但是,只要活着,就要活得像个人样子。尽量多干一些好事,千万不要去干坏事。

人们对自己的生命也并不是一点主观能动性都没有的。人们不都在争取长寿吗?在林林总总的民族之林中,中国人是最注重长寿,甚至长生的。在过去几千年的历史上,我们创造了很多长寿甚至长生的故事。什么"王子去求仙，丹成入九天。山中方七日，世上几千年。"这实在没有什么意义。一些历史上的皇帝，甚至英明之主，为了争取长生，"为药所误"。唐太宗就是一个好例子。

中国古代文人对追求长生有自己的表达方式。苏东坡词："谁道人生无再少？门前流水尚能西。休将白发唱黄鸡。"在这里出现"再少"这个词儿。肉体上的再少，是不可能的。时间不能倒转的。我的理解是，如果老年人能做出像少年的工作，这就算是"再少"了。

我现在算不算是"再少"，我自己不敢说。反正我从来不敢懈怠，从来不倚老卖老。我现在既向后看，回忆过去的九十年；也向前看，看到的不是八宝山，而是活过一百岁。眼前就有我的好榜样。上海的巴金，长我七岁；北京的臧克家，长我六岁，都仍然健在。他们的健在给了我信心，给了我勇气，也给了我灵感。我想同他们竞赛，我们都会活到一百多岁的。

但是，我并不是为活着而活着。活着不是我的目的，而是我的手段。前辈学人陈翰笙先生，当他一百岁时人们为他在人民大会堂祝寿的时候，他眼睛已经失明多年，身体也不见得怎么好。可是，请他讲话的时候，他第一句话就是："我要工作。"全堂为之振奋不已。

我觉得，中国人民在过去几千年的历史上成就了许多美德，其中一条是"鞠躬尽瘁，死而后已"（出自《三国志·蜀志·诸葛亮传》）。这能代表我们中华民族伟大的一个方面，在几千年的历史上起着作用，至今不衰。

在历史上，我们的先人对人生还有一些细致入微而又切中要害的感悟。我举一个例子。多少年来，社会上流传着两句话：不如意事常八九，能与人言无二三。根据我们每一个人的亲身体会，这两句话是完全没有错的。在我们的生活中，在我们的社会交往中，尽管有不少令人愉快的如意的事情，但也不乏不愉快不如意的事情。年年如此，月月如此，天天如此。这个平凡的真理也不是最近才发现的。宋代的伟大词人辛稼轩就曾写道："肘后俄生柳，叹人生，不如意事，十常八九。"这颇能道出古今人人心中都会有的想法。我们老年人对此更应该加强警惕，因为不如意事有的是人招惹出来的。老年人，由于生理的制约，手和脑都会不太灵光，招惹不如意事的机会会更多一些。我原来的原则是随遇而安，近来我又提高了一步：知足常乐，能忍自安。境界显然提高了一步。

写到这里，我想写一个看来与我的主题无关而实极有关的问题：中西高级知识分子比较研究。所谓高级知识分子，无非是教授、研究员、著名的艺术家——画家、音乐家、歌唱家、演员等等。这个题目，在过去似乎还没有人研究过。我个人经过比较长期的思考，觉得其间当然有共性，都是知识分子嘛；但是区别也极大。简短截说，西方高级知识分子大多数是自了汉，就是只管自己那一亩三分地里的事情，有点像过去中国老农那一种"老婆、孩子、热炕头，外加二亩地、一头牛"的样子。只要不发生战争，他们的工资没有问题，可以安心治学，因此成果显著地比我们多。他们也不像我们几乎天天开会，天天在运动中。我们的高知继承了中国自古以来知识分子（士）的传统，家事、国事、天下事，事事关心。中国古代的皇帝们最恨知识分子这种毛病。他们希望士们都能夹起尾巴做人。知识分子偏不听话，于是在中国历史上，所谓"文字狱"这种玩意儿就特别多。很多皇帝都搞文字狱。到了清朝，又加上了个民族问题。于是文字狱更特别多。

最后，我还必须谈一谈服老与不服老的辩证关系。所谓服老，就是一个老人必须承认客观现实。自己老了，就要老实承认。过去能做到的事情，现在做不到了，就不要勉强去做。但是，如果完完全全让老给吓住，什么事情都不做，这无异于坐而待毙，是极不可取的行为。人们的主观能动性的能量是颇为可观的。真正把主观能动性发挥出来，就能产生一种不服老的力量。正确处理服老与不服老的关系并不容易，两者之间的关系有点恍兮惚兮，其中有物。但是，这个物是什么，我却说不清楚。领悟之妙，在于一心。普天下善男信女们会想出办法的。

我已经写了不少，为什么写这样多呢？因为我感觉到，我们的生活环境和生活条件，日益改善，将来老年人会越来越多。我现在把自己的一点经历写了出来，供老人们参考。

千言万语，不过是一句话：我们老年人不要一下子躺在老字上，无所事事，我们的活动天地还是够大的。

有道是：

走过独木桥，跳过火焰山。
豪情依然在，含笑颂九三！

2003年8月18日于三〇一医院

九十五岁初度

又碰到了一个生日。一副常见的对联的上联是:"天增岁月人增寿。"我又增了一年寿。庄子说:万物方生方死。从这个观点上来看,我又死了一年,向死亡接近了一年。

不管怎么说,从表面上来看,我反正是增长了一岁,今年算是九十五岁了。

在增寿的过程中,自己在领悟、理解等方面有没有进步呢?

仔细算,还是有的。去年还有一点叹时光之流逝的哀感,今年则完全没有了。这种哀感在人们中是最常见的。然而也是最愚蠢的。"人间正道是沧桑",时光流逝,是万古不易之理。人类,以及一切生物,是毫无办法的。"夫天地者,万物之逆旅;光阴者,百代之过客。"对于这种现象,最好的办法是听之任之,用不着什么哀叹。

我现在集中精力考虑的一个问题是:如何避免"当时只道是寻常"的这种尴尬情况。"当时"是指过去的某一个时间。"现在",过一些时候也会成为"当时"的。这样一来,我们就会永远有这样的哀叹。我认为,我们必须从事实上,也可以说是从理论上考察和理解这个问题。我想谈两个问题,第一个是如何生活?第二个是如何回忆生活?

先谈第一个问题。

一般人的生活,几乎普遍有一个现象,就是倥偬。用习惯的说法就是匆匆忙忙。"五四"运动以后，我在济南读到了俞平伯先生的一篇文章。文中引用了他夫人的话："从今以后，我们要仔仔细细过日子了。"言外之意就是嫌眼前日子过得不够仔细，也许就是日子过得太匆匆的意思。怎样才叫仔仔细细呢？俞先生夫妇都没有解释，至今还是个谜。我现在不揣冒昧，加以解释。所谓仔仔细细就是：多一些典雅，少一些粗暴；多一些温柔，少一些莽撞；总之，多一些人性，少一些兽性；如此而已。

至于如何回忆生活，首先必须指出：这是古今中外一个常见的现象。一个人，不管活得多长多短，一生中总难免有什么难以忘怀的事情。这倒不一定都是喜庆的事情，比如洞房花烛夜、金榜题名时之类。这固然使人终身难忘。反过来，像夜走麦城这样的事，如果关羽能够活下来，他也不会忘记的。

总之，我认为，回想一些俱往矣类的事情，总会有点好处。回想喜庆的事情，能使人增加生活的情趣，提高向前进的勇气。回忆倒霉的事情，能使人引以为鉴，不至再蹈覆辙。

现在，我在这里，必须谈一个无论如何也绕不过去的问题：死亡问题。我已经活了九十五年。无论如何也必须承认这是高龄。但是，在另一方面，它离开死亡也不会太远了。

一谈到死亡，没有人不厌恶的。我虽然还不知道，死亡究竟是什么样子，我也并不喜欢它。

写到这里，我想加上一段非无意义的闲话。对于寿命的态度，东西方是颇不相同的。中国人重寿，自古已然。汉瓦当文延年益寿，可见汉代的情况。人名李龟年之类，也表示了长寿的愿望。从长寿再进一步，就是长生不老。李义山诗："嫦娥应悔窃灵药，碧海青天夜夜心。"灵药当即不死之药。这也是一些人，包括几个所谓英主在内，所追求的境界。汉武帝就是一个狂热的长生不老的追求者。精明如唐太宗者，竟也为了追求长生不老而服食玉石散之类的矿物，结果是中毒而死。

上述情况，在西方是找不到的。没有哪一个西方的皇帝或国王会追求长生不老。他们认为，这是无稽之谈，不屑一顾。

我虽然是中国人，长期在中国传统文化熏陶下成长起来的；但是，在寿与长生不老的问题上，我却倾向西方的看法。中国民间传说中有不少长生不老的故事，这些东西侵入正规文学中，带来了不少的逸趣，但始终成不了正果。换句话说，就是，中国人并不看重这些东西。

中国人是讲求实际的民族。人一生中，实际的东西是不少的。其中最突出的一个东西就是死亡。人们都厌恶它，但是却无能为力。

上文中我已经涉及死亡问题，现在再谈一谈。一个九十五岁的老人，若不想到死亡，那才是天下之怪事。我认为，重要的事情，不是想到死亡，而是怎样理解死亡。世界上，包括人类在内，林林总总，生物无虑上千上万。生物的关键就在于生，死亡是生的对立面，是生的大敌。既然是大敌，为什么不铲除之而后快呢？铲除不了的。有生必有死，是人类进化的规律。是一切生物的规律，是谁也违背不了的。

对像死亡这样的谁也违背不了的灾难，最有用的办法是先承认它，不去同它对着干，然后整理自己的思想感情。我多年以来就有一个座右铭："纵浪大化中，不喜亦不惧。应尽便须尽，无复独多虑。"是陶渊明的一首诗。"该死就去死，不必多嘀咕。"多么干脆利落！我目前的思想感情也还没有超过这个阶段。江文通《恨赋》最后一句话是："自古皆有死，莫不饮恨而吞声。"我相信,在我上面说的那些话的指引下,我一不饮恨,二不吞声。我只是顺其自然,随遇而安。

我也不信什么轮回转世。我不相信,人们肉体中还有一个灵魂。在人们的躯体还没有解体的时候灵魂起什么作用,自古以来,就没有人说得清楚。我想相信,也不可能。

对你目前的九十五岁高龄有什么想法?我既不高兴,也不厌恶。这本来是无意中得来的东西,应该让它发挥作用。比如说,我一辈子舞笔弄墨,现在为什么不能利用我这一支笔杆子来鼓吹升平,增强和谐呢?现在我们的国家是政通人和、海晏河清。可以歌颂的东西真是太多太多了。歌颂这些美好的事物,九十五年是不够的。因此,我希望活下去。岂止于此,相期以茶。

2006年8月8日

养生记道

养生无术是有术

黄伟经兄来信,为《羊城晚报·健与美副刊》向我索稿。他要我办的事,我一向是敬谨遵命的,这一次也不能例外。但是,健美双谈,我确有困难。我老态龙钟,与美无缘久矣,美是无从谈起了。至于健嘛,却是能谈一点的。

我年届耄耋,慢性病颇有一些。但是,我认为,这完全符合规律,从不介意。现在身躯顽健,十里八里,抬腿就到。每天仍工作七八个小时,论文每天也能写上几千字,毫不含糊。别人以此为怪,我却颇有点沾沾自喜。小友粟德金在 China Daily 上写文章,说我有点忘记了自己的年龄。他说到了点子上。我虽忘记了年龄,但却没有忘乎所以,胡作非为。我还是有点自知之明的。

在这样的情况下,很多人总要问我有什么养生之术,有什么秘诀。我的回答是:没有秘诀,也从来不追求什么秘诀。我有一个"三不主义",这就是,不锻炼,不挑食,不嘀咕。这需要解释一下。所谓"不锻炼",决不是一概反对体育锻炼。我只是反对那些"锻炼主义者"。对他们来说,天地,一锻炼也,人生,一锻炼也。我觉得,人生的意义与价值就在于工作。工作必须有健康的体魄,但更重要的是,必须有时间。如果大部分时间都用于体育锻炼。这有什么意义呢?至于"不挑食",那容易了解。不管哪一国的食品,只要合我的口味,我张嘴便吃。什么胆固醇,什么高脂肪,统统见鬼去吧。有些吃东西左挑右捡,战战兢兢,吃鸡蛋不吃黄,吃肉不吃内脏的人,结果胆固醇反而越来越高。我的胆固醇从来没有高过,人皆以为怪,其实有什么可怪呢?至于"不嘀咕",上面讲的那些话里面实际上已涉及了。我从来不为自己的健康而愁眉苦脸。有的人无病装病,有的人无病幻想自己有病。我看了十分感到别扭,感到腻味。

我是陶渊明的信徒。他的四句诗:

纵浪大化中,不喜亦不惧。
应尽便须尽,无复独多虑。

这就是我的座右铭。

我这一篇短文的题目是:养生无术是有术。初看时恐怕有点难解。现在短文结束了,再回头看这个题目,不是一清二楚了吗?至少我希望是这样。

1993年11月26日

老年十忌

我已经在本栏写过谈老年的文章,意犹未尽,再写"十忌"。

忌,就是禁忌,指不应该做的事情。人的一生,都有一些不应该做的事情,这是共性。老年是人生的一个阶段,有一些独特的不应该做的事情,这是特性,老年禁忌不一定有十个。我因受传统的"十全大补""某某十景"之类的"十"字迷的影响,姑先定为十个。将来或多或少,现在还说不准。骑驴看唱本,走着瞧吧。

一忌:说话太多。说话,除了哑巴以外,是每人每天必有的行动。有的人喜欢说话,有的人不喜欢,这决定于一个人的秉性,不能强求一律。我在这里讲忌说话太多,并没有"祸从口出"或"金人三缄其口"的涵义。说话惹祸,不在话多话少,有时候,一句话就能惹大祸。口舌惹祸,也不限于老年人,中年和青年都可能由此致祸。

我先举几个例子。

某大学有一位老教授,道德文章,有口皆碑。虽年逾耄耋,而思维敏锐,说话极有条理。不足之处是:一旦开口,就如悬河泄水,滔滔不绝;又如开了闸,再也关不住,水不断涌出。在那个大学里流传着一个传说:在学校召开的会上,某老一开口发言,有的人就退席回家吃饭,饭后再回到会场,某老谈兴正浓。据说有一次博士生答辩会,规定开会时间为两个半小时，某老参加，一口气讲了两个小时，这个会会是什么结果，答辩委员会的主席会有什么想法和措施，他会怎样抓耳挠腮，坐立不安，概可想见了。

另一个例子是一位著名的敦煌画家。他年轻的时候，头脑清楚，并不喜欢说话。一进入老境，脾气大变，也许还有点老年痴呆症的原因，说话既多又不清楚。有一年，在北京国家图书馆新建的大礼堂中召开中国敦煌吐鲁番学会的年会，开幕式必须请此老讲话。我们都知道他有这个毛病，预先请他夫人准备了一个发言稿，简捷而扼要，塞入他的外衣口袋里，再三叮嘱他，念完就退席。然而，他一登上主席台就把此事忘得一干二净，摆开架子，开口讲话，听口气是想从开天辟地讲起，如果讲到那一天的会议，中间至少有三千年的距离，主席有点沉不住气了。我们连忙采取紧急措施，把他夫人请上台，从他口袋里掏出发言稿，让他照念，然后下台如仪，会议才得以顺利进行。

类似的例子还可以举出一些来，我不再举了。根据我个人的观察，不是每一个老人都有这个小毛病，有的人就没有。我说它是"小毛病"，其实并不小。试问，我上面举出的开会的例子，难道那还不会制造极为尴尬的局面吗？当然，话又说了回来，爱说长话的人并不限于老年，中青年都有，不过以老年为多而已。因此，我编了四句话，奉献给老人：年老之人，血气已衰；煞车失灵，戒之在说。

二忌：倚老卖老。50年代和60年代前期，中国政治生活还比较（我只说是"比较"）正常的时候，周恩来招待外宾后，有时候会把参加招待的中国同志在外宾走后留下来，谈一谈招待中有什么问题或纰漏，有点总结经验的意味。这时候刚才外宾在时严肃的场面一变而为轻松活泼，大家都争着发言，谈笑风生，有时候一直谈到深夜。

有一次，总理发言时使用了中国常见的"倚老卖老"这个词儿。翻译一时有点迟疑，不知道怎样恰如其分地译成英文。总理注意到了，于是在客人走后就留下中国同志，议论如何翻译好这个词儿。大家七嘴八舌，最终也没能得出满意的结论。我现在查了两部《汉英词典》，都把这个词儿译为 To take advantage of one's seniority or old age，意思是利用自己的年老，得到某一些好处，比如脱落形迹之类。我认为基本能令人满意的；但是"达到脱落形迹的目的"，似乎还太狭隘了一点，应该是"达到对自己有利的目的"。

人世间确实不乏"倚老卖老"的人，学者队伍中更为常见。眼前请大家自己去找。我讲点过去的事情，故事就出在清吴敬梓的《儒林外史》中。吴敬梓有刻画人物的天才，着墨不多，而能活灵活现。第十八回，他写了两个时文家。胡三公子请客：

> 四位走进书房，见上面席间先坐着两个人，方巾白须，大模大样，见四位进来，慢慢立起身。严贡生认得，便上前道："卫先生、随先生都在这里，我们公揖。"当下作过了揖，请诸位坐。那卫先生、随先生也不谦让，仍旧上席坐了。

倚老卖老，架子可谓十足。然而本领却并不怎么样，他们的诗，"且夫""尝谓"都写在内，其余也就是文章批语上采下来的几个字眼。一直到今天，倚老卖老，摆老架子的人大都如此。

平心而论，人老了，不能说是什么好事，老态龙钟，惹人厌恶；但也不能说是什么坏事。人一老，经验丰富，识多见广。他们的经验，有时会对个人，甚至对国家，有些用处的。但是，这种用处是必须经过事实证明的，自己一相情愿地认为有用处，是不会取信于人的。另外，根据我个人的体验与观察，一个人，老年人当然也包括在里面，最不喜欢别人瞧不起他。一感觉到自己受了怠慢，心里便不是滋味，甚至怒从心头起，拂袖而去。有时闹得双方都不愉快，甚至结下怨仇。这是完全要不得的。一个人受不受人尊敬，完全决定于你有没有值得别人尊敬的地方。在这里，摆架子，倚老卖老，都是枉然的。

三忌：思想僵化。人一老，在生理上必然会老化；在心理上或思想上，就会僵化。此事理之所必然，不足为怪。要举典型，有鲁迅的九斤老太在。

从生理上来看，人的躯体是由血、肉、骨等物质的东西构成的，是物质的东西就必然要变化、老化，以至消逝。生理的变化和老化必然影响心理或思想，这是无法抗御的。但是，变化、老化或僵化却因人而异，并不能一视同仁。有的人早，有的人晚；有的人快，有的人慢。所谓老年痴呆症，只是老化的一个表现形式。

空谈无补于事，试举一标本，加以剖析。远在天边，近在眼前，标本就是我自己。

我已届九旬高龄，古今中外的文人能活到这个年龄者只占极少数。我不相信这是由于什么天老爷、上帝或佛祖的庇佑，而是享了新社会的福。现在，我目虽不太明，但尚能见物；耳虽不太聪，但尚能闻声。看来距老年痴呆和八宝山还有一段距离，我也还没有这样的计划。

但是，思想僵化的迹象我也是有的。我的僵化同别人或许有点不同：它一半自然，一半人为；前者与他人共之，后者则为我所独有。

我不是九斤老太一党，我不但不认为"一代不如一代"，而且确信"雏凤清于老凤声"。可是最近几年来，一批"新人类"或"新新人类"脱颖而出，他们好像是一批外星人，他们的思想和举止令我迷惑不解，惶恐不安。这算不算是自然的思想僵化呢？

至于人为的思想僵化，则多一半是一种逆反心理在作祟。就拿穿中山装来作例子。我留德十年，当然是穿西装的。解放以后，我仍然有时改着西装。可是改革开放以来，不知从哪吹来了一股风，一夜之间，西装遍神州大地矣。我并不反对穿西装；但我不承认西装就是现代化的标志，而且打着领带锄地，我也觉得滑稽可笑。于是我自己就"僵化"起来，从此再不着西装，国内国外，大小典礼，我一律蓝色卡其布中山装一袭，以不变应万变矣。

还有一个"化"，我不知道怎样称呼它。世界科技进步，一日千里，没有科技，国难以兴，事理至明，无待赘言。科技给人类带来的幸福，也是有目共睹的。但是，它带来了危害，也无法掩饰。世界各国现在都惊呼环保，环境污染难道不是科技发展带来的吗？犹有进者。我突然感觉到，科技好像是龙虎山张天师镇妖瓶中放出来的妖魔，一旦放出来，你就无法控制。只就克隆技术一端言之，将来能克隆人，指日可待。一旦实现，则人类社会迄今行之有效的法律准则和伦理规范，必遭破坏。将来的人类社会变成什么样的社会呢？我有点不寒而栗。这似乎不尽属于"僵化"范畴，但又似乎与之接近。

四忌：不服老。服老，《现代汉语词典》的解释："承认年老"，可谓简明扼要。人上了年纪，是一个客观事实，服老就是承认它，这是唯物主义的态度。反之，不承认，也就是不服老倒迹近唯心了。

中国古代的历史记载和古典小说中，不服老的例子不可胜数，尽人皆知，无须列举。但是，有一点我必须在这里指出来：古今论者大都为不服老唱赞歌，这有点失于偏颇，绝对地无条件地赞美不服老，有害无益。

空谈无补，举几个实例，包括我自己。

1949年春夏之交，解放军进城还不太久，忘记了是出于什么原因，毛泽东的老师徐特立约我在他下榻的翠明庄见面。我准时赶到，徐老当时年已过八旬，从楼上走下，卫兵想去扶他，他却不停地用胳膊肘捣卫兵的双手，一股不服老的劲头至今给我留下了难忘的印象。

再一个例子是北大20年代的教授陈翰笙先生。陈先生生于1896年，跨越了三个世纪，至今仍然健在。他晚年病目失明，但这丝毫也没有影响了他的活动，有会必到。有人去拜访他，他必把客人送到电梯门口。有时还会对客人伸一伸胳膊，踢一踢腿，表示自己有的是劲。前几年，每天还安排时间教青年英文，分文不取。这样的不服老我是钦佩的。

也有人过于服老。年不到五十，就不敢吃蛋黄和动物内脏，怕胆固醇增高。这样的超前服老，我是不敢钦佩的。

至于我自己，我先讲一段经历。是在1995年，当时我已经达到了84岁高龄。然而我却丝毫没有感觉到，不知老之已至，正处在平生写作的第二个高峰中。每天跑一趟北大图书馆，几达两年之久，风雪无阻。我已经有点忘乎所以了。一天早晨，我照例四点半起床，到东边那一单元书房中去写作。一转瞬间，肚子里向我发出信号：该填一填它了。一看表，已经六点多了。于是我放下笔，准备回西房吃早点。可是不知是谁把门从外面锁上了，里面开不开。我大为吃惊，回头看到封了顶的阳台上有一扇玻璃窗可以打开。我于是不加思索，立即开窗跳出，从窗口到地面约有一米八高。我一堕地就跌了一个大马趴，脚后跟有点痛。旁边就是洋灰台阶的角，如果脑袋碰上，后果真不堪设想，我后怕起来了。我当天上下午都开了会，第二天又长驱数百里到天津南开大学去作报告。脚已经肿了起来。第三天，到校医院去检查，左脚跟有点破裂。

我这样的不服老，是昏聩糊涂的不服老，是绝对要不得的。

我在上面讲了不服老的可怕，也讲到了超前服老的可笑。然则何去何从呢？我认为，在战略上要不服老，在战术上要服老，二者结合，庶几近之。

五忌：无所事事。这是一个比较复杂的问题，必须细致地加以分析，区别对待，不能一概而论。

达官显宦，在退出政治舞台之后，幽居府邸，"庭院深深深几许"，我辈槛外人无法窥知，他们是无所事事呢，还是有所事事，无从谈起，姑存而不论。

富商大贾，一旦钱赚够了，年纪老了，把事业交给儿子、女儿或女婿，他们是怎样度过晚年的，我们也不得而知，我们能知道的只是钞票不能拿来炒着吃。这也姑且存而不论。

说来说去，我所能够知道的只是工、农和知识分子这些平头老百姓。中国古人说："一事不知，儒者之耻。"今天，我这个"儒者"却无论如何也没有胆量说这样的大话。我只能安分守己，夹起尾巴来做人，老老实实地只谈论老百姓的无所事事。

我曾到过承德，就住在避暑山庄对面的一旅馆里。每天清晨出门散步，总会看到一群老人，手提鸟笼，把笼子挂在树枝上，自己则分坐在山庄门前的石头上，"闲坐说玄宗"。一打听，才知道他们多是旗人，先人是守卫山庄的八旗兵，而今老了，无所事事，只有提鸟笼子。试思：他们除了提鸟笼子外还能干什么呢？他们这种无所事事，不必深究。

北大也有一批退休的老工人，每日以提鸟笼为业。过去他们常聚集在我住房附近的一座石桥上，鸟笼也是挂在树枝上，笼内鸟儿放声高歌，清脆嘹亮。我走过时，也禁不住驻足谛听，闻而乐之。这一群工人也可以说是无所事事，然而他们又怎样能有所事事呢？

现在我只能谈我自己也是其中一分子，因而我最了解情况的知识分子。国家给年老的知识分子规定了退休年龄，这是合情合理的，应该感激的。但是，知识分子行当不同，身体条件也不相同。是否能做到老有所为，完全取决于自己，不取决于政府。自然科学和技术，我不懂，不敢瞎说。至于人文社会科学，则我是颇为熟悉的。一般说来，社会科学的研究不靠天才火花一时的迸发，而靠长期积累。一个人到了六十多岁退休的关头，往往正是知识积累和资料积累达到炉火纯青的时候。一旦退下，对国家和个人都是一个损失。有进取心有干劲者，可能还会继续干下去的。可是大多数人则无所事事。我在南北几个大学中都听到了有关"散步教授"的说法，就是，一个退休教授天天在校园里溜达,成了全校著名的人物。我没同"散步教授"谈过话,不知道他们是怎样想的。估计他们也不会很舒服。锻炼身体,未可厚非。但是,整天这样"锻炼",不也太乏味太单调了吗?学海无涯,何妨再跳进去游泳一番,再扎上两个猛子,不也会身心两健吗?蒙田说得好:"如果大脑有事可做,有所制约,它就会在想象的旷野里驰骋,有时就会迷失方向。"

六忌:提当年勇。

我做了一个梦。我驾着祥云或别的什么云,飞上了天宫,在凌霄宝殿多功能厅里,参加了一个务虚会。第一个发言的是项羽。他历数早年指挥雄师数十万,横行天下,各路诸侯皆俯首称臣,他是诸侯盟主,颐指气使,没有敢违抗者。鸿门设宴,吓得刘邦像一只小耗子一般。说到尽兴处,手舞足蹈,吐沫星子乱溅。这时忽然站起来了一位天神,问项羽:四面楚歌、乌江自刎是怎么一回事呀?项羽立即垂下了脑袋,仿佛是一个泄了气的皮球。

第二个发言的是吕布,他手握方天画戟,英气逼人。他放言高论,大肆吹嘘自己怎样戏貂蝉,杀董卓,为天下人民除害;虎牢关力敌关、张、刘三将,天下无敌。正吹得眉飞色舞,一名神仙忽然高声打断了他的发言:"白门楼上向曹操下跪,恳求饶命,大耳贼刘备一句话就断送了你的性命,是怎么一回事呢?"吕布面色立变,流满了汗,立即下台,像一只斗败了的公鸡。

第三个发言的是关羽。他久处天宫,大地上到处都有关帝庙,房子多得住不过来。他威仪俨然,放不下神架子。但发言时,一谈到过五关斩六将,用青龙偃月刀挑起曹操捧上的战袍时，便不禁圆睁丹凤眼，猛抖卧蚕眉，兴致淋漓，令人肃然。但是又忽然站起了一位天官，问道："夜走麦城是怎么一回事呢？"关公立即放下神架子，神色仓皇，脸上是否发红，不得而知，因为他的脸本来就是红的。他跳下讲台，在天宫里演了一出夜走麦城。

我听来听去，实在厌了，便连忙驾祥云回到大地上，正巧落在绍兴，又正巧阿Q被小D抓住辫子往墙上猛撞，阿Q大呼："我从前比你阔得多了！"可是小D并不买账。

谁一看都能知道，我的梦是假的。但是，在芸芸众生中，特别是在老年中，确有一些人靠自夸当年勇来过日子。我认为，这也算是一种自然现象。争胜好强也许是人类一种本能。但一旦年老，争胜有心，好强无力，便难免产生一种自卑情结。可又不甘自卑，于是只有自夸当年勇一途，可以聊以自慰。对于这种情况，别人是爱莫能助的。"解铃还需系铃人"，只有自己随时警惕。

现在有一些得了世界冠军的运动员有一句口头禅：从零开始。意思是，不管冠军或金牌多么灿烂辉煌，一旦到手，即成过去，从现在起又要从零开始了。

我觉得，从零开始是唯一正确的想法。

七忌：自我封闭。这里专讲知识分子，别的界我不清楚。但是，行文时也难免涉及社会其他阶层。

中国古人说："人生识字忧患始。"其实不识字也有忧患。道家说，万物方生方死。人从生下的一刹那开始，死亡的历程也就开始了。这个历程可长可短，长可能到一百年或者更长，短则几个小时，几天，少年夭折者有之，英年早逝者有之，中年弃世者有之，好不容易，跌跌撞撞，坎坎坷坷，熬到了老年,早已心力交瘁了。

能活到老年,是一种幸福,但也是一种灾难。并不是每一个人都能活到老年,所以说是幸福。但是老年又有老年的难处,所以说是灾难。

老年人最常见的现象或者灾难是自我封闭。封闭,有行动上的封闭,有思想感情上的封闭,形式和程度又因人而异。老年人有事理广达,有事理欠通达者。前者比较能认清宇宙万物以及人类社会发展的规律,了解到事物的改变是绝对的,不变是相对的,千万不要要求事物永恒不变。后者则相反,他们要求事物永恒不变;即使变,也是越变越坏,上面讲到的九斤老太就属于此类人。这一类人,即使仍然活跃在人群中,但在思想感情方面他们却把自己严密地封闭起来了。这是最常见的一种自我封闭的形式。

空言无益,试举几个例子。

我在高中读书时,有一位教经学的老师,是前清的秀才或举人。"五经"和"四书"背得滚瓜烂熟,据说还能倒背如流。他教我们《书经》和《诗经》,从来不带课本,业务是非常熟练的。

可学生并不喜欢他。因为他张口闭口:"我们大清国怎样怎样。"学生就给他起了一个浑名"大清国",他真实的姓名反隐而不彰了。我们认为他是老顽固,他认为我们是新叛逆。我们中间不是代沟,而是万丈深渊,是他把自己完全封闭起来了。

再举一个例子。我有一位老友,写过新诗,填过旧词,毕生研究中国文学史,都达到了相当高的水平。他为人随和,性格开朗,并没有什么乖僻之处。可是,到了最近几年,突然产生了自我封闭的现象，不参加外面的会，不大愿意见人，自己一个人在家里高声唱歌。我曾几次以老友的身份，劝他出来活动活动，他都婉言拒绝。他心里是怎样想的，至今对我还是一个谜。

我认为，老年人不管有什么形式的自我封闭现象，都是对个人健康不利的。我奉劝普天下老年人力矫此弊。同青年人在一起，即使是"新新人类"吧，他们身上的活力总会感染老年人的。

八忌：叹老嗟贫。叹老嗟贫，在中国的读书人中，是常见的现象，特别是所谓怀才不遇的人们中，更是特别突出。我们读古代诗文，这样的内容随时可见。在现代的知识分子中，这样的现象比较少见了，难道这也是中国知识分子进化或进步的一种表现吗？

我认为，这是一个十分值得研究的课题。它是中国知识分子学和中西知识分子比较学的重要内容。

我为什么又拉扯上了西方知识分子呢？因为他们与中国的不同，是现成的参照系。

西方的社会伦理道德标准同中国不同，实用主义色彩极浓。一个人对社会有能力作贡献，社会就尊重你。一但人老珠黄，对社会没有用了，社会就丢弃你，包括自己的子孙也照样丢弃了你，社会舆论不以为忤。当年我在德国哥廷根时，章士钊的夫人也同儿子住在那里，租了一家德国人的三楼居住。我去看望章伯母时，走过二楼，经常看到一间小屋关着门，门外地上摆着一碗饭，一丝热气也没有。我最初认为是喂猫或喂狗用的。后来一打听，才知道是给小屋内卧病不起的母亲准备的饭菜。同时，房东还养了一条大狼狗，一天要吃一斤牛肉。这种天上人间的情况无人非议,连躺在小屋内病床上的老太太大概也会认为所有这一切都是顺理成章的吧。

在这种狭隘的实用主义大潮中,西方的诗人和学者极少极少写叹老嗟贫的诗文。同中国比起来,简直不成比例。

在中国,情况则大大地不同。中国知识分子一向有"学而优则仕"的传统。过去一千多年以来,仕的途径只有一条,就是科举。"千军万马独木桥",所有的读书人都拥挤在这一条路上,从秀才—举人向上爬,爬到进士参加殿试,僧多粥少,极少数极幸运者可以爬完全程,"仕宦而至将相,富贵而归故乡",达到这个目的万中难得一人。大家只要读一读《儒林外史》,便一目了然。在这样的情况下,倘若科举不利,老而又贫,除了叹老嗟贫以外,实在无路可走。古人说"诗必穷而后工",其中"穷"字也有科举不利这个涵义。古代大官很少有好诗文传世,其原因实在耐人寻味。

今天,时代变了。但是"学而优则仕"的幽灵未泯,学士、硕士、博士、院士代替了秀才、举人、进士、状元。骨子里并没有大变。在当今知识分子中,一旦有了点成就,便立即披上一顶乌纱帽,这现象难道还少见吗?

今天的中国社会已能跟上世界潮流,但是,封建思想的残余还不容忽视。我们都要加以警惕。

九忌:老想到死。好生恶死,为所有生物之本能。我们只能加以尊重,不能妄加评论。

作为万物之灵的人,更是不能例外。俗话说:"黄泉路上无老少。"可是人一到了老年,特别是耄耋之年,离开那一个长满了野百合花的地方越来越近了,此时常想到死,更是非常自然的。

养生记道　127

今人如此，古人何独不然！中国古代的文学家、思想家、骚人、墨客大都关心生死问题。根据我个人的思考，各个时代是颇不相同的。两晋南北朝时期似乎更为关注。粗略地划分一下，可以分为三派。第一派对死十分恐惧，而且敢于十分坦荡地说了出来。这一派可以江淹为代表。他的《恨赋》一开头就说："试望平原，蔓草萦骨，拱木敛魂。人生到此，天道宁论。"最后几句话是："自古皆有死，莫不饮恨而吞声。"话说得再清楚不过了。

第二派可以"竹林七贤"为代表。《世说新语·任诞第二十三》第一条就讲到阮籍、嵇康、山涛、刘伶、阮咸、向秀和王戎"常集于竹林之中，肆意酣畅"，这是一群酒徒。其中最著名的刘伶命人荷锹跟着他，说："死便埋我！"对死看得十分豁达。实际上，情况正相反，他们怕死怕得发抖，聊作姿态以自欺欺人耳。其中当然还有逃避残酷的政治迫害的用意。

第三派可以陶渊明为代表。他的意见具见他的诗《神释》中。诗中有这样的话："老少同一死，贤愚无复数。日醉或能忘，将非促龄具！立善常所欣，谁当为汝誉？甚念伤吾生，正宜委运去。纵浪大化中，不喜亦不惧。应尽便须尽，无复独多虑。"他反对酣酒麻醉自己，也反对常想到死。我认为，这是最正确的态度。最后四句诗成了我的座右铭。

我在上面已经说到，老年人想到死，是非常自然的。关键是：想到以后，自己抱什么态度。惶惶不可终日，甚至饮恨吞声，是最要不得，这样必将成陶渊明所说的"促龄具"。最正确的态度是顺其自然，泰然处之。

鲁迅不到五十岁，就写了有关死的文章。王国维则说："五十之年，只欠一死。"结果投了昆明湖。我之所以能泰然处之,有我的特殊原因。"十年浩劫"中,我已走到过死亡的边缘上,一个千钧一发的偶然性救了我。从那以后,多活一天,我都认为是多赚的。因此就比较能对死从容对待了。

我在这里诚挚奉劝普天之下的年老又通达事理的人,偶尔想一下死,是可以的;但不必老想。我希望大家都像我一样,以陶渊明《神释》诗最后四句为座右铭。

十忌:愤世嫉俗。愤世嫉俗这个现象,没有时代的限制,也没有年龄的限制。古今皆有,老少具备,但以年纪大的人为多。它对人的心理和生理都会有很大的危害,也不利于社会的安定团结。

世事发生必有其因。愤世嫉俗的产生也自有其原因。归纳起来,约有以下诸端:

首先,自古以来,任何时代,任何朝代,能完全满足人民大众的愿望者,绝对没有。不管汉代的文景之治怎样美妙,唐代的贞观之治和开元之治怎样理想,宫廷都难免腐败,官吏都难免贪污,百姓就因而难免不满,其尤甚者就是愤世嫉俗。

其次,"学而优则仕"达不到目的,特别是科举时代名落孙山者,人不在少数,必然愤世嫉俗。这在中国古代小说中可以找出不少的典型。

再次,古今中外都不缺少自命天才的人。有的真有点天才或者才干,有的则只是个人妄想,但是别人偏不买账,于是就愤世嫉俗。其尤甚者,如西方的尼采要"重新估定一切价值",又如中国的徐文长。结果无法满足,只好自己发了疯。

最后,也是最常见的,对社会变化的迅猛跟不上,对新生事物看不顺眼,是九斤老太一党;九斤老太不识字,只会说:"一代不如一代",识字的知识分子,特别是老年人,便表现为愤世嫉俗，牢骚满腹。

以上只是一个大体的轮廓，不足为据。

在中国文学史上，愤世嫉俗的传统，由来已久。《楚辞》的"黄钟毁弃，瓦缶雷鸣"等语就是最早的证据之一。以后历代的文人多有愤世嫉俗之作，形成了知识分子性格上一大特点。

我也算是一个知识分子，姑以我自己为麻雀，加以剖析。愤世嫉俗的情绪和言论，我也是有的。但是，我又有我自己的表现方式。我往往不是看到社会上的一些不正常现象而牢骚满腹，怪话连篇，而是迷惑不解，惶恐不安。我曾写文章赞美过代沟，说代沟是人类进步的象征。这是我真实的想法。可是到了目前，我自己也傻了眼，横亘在我眼前的像我这样老一代人和一些"新人类""新新人类"之间的代沟，突然显得其阔无限，其深无底，简直无法逾越了，仿佛把人类历史断成了两截。我感到恐慌，我不知道这样发展下去将伊于胡底。我个人认为，这也是愤世嫉俗的一种表现形式，是要不得的；可我一时又改变不过来，为之奈何！

我不知道，与我想法相同或者相似的有没有人在，有的话，究竟有多少人。我想来想去，觉得还是毛泽东的两句诗好："牢骚太盛防肠断，风物长宜放眼量。"

2000年2月22日写毕

长生不老

长生不老,过去中国历史上,颇有一些人追求这个境界。那些炼丹服食的老道们不就是想"丹成入九天"吗?结果却是"服食求神仙,多为药所误",最终还是翘了辫子。

最积极的应该数那些皇帝老爷子。他们骑在人民头上,作威作福,后宫里还有佳丽三千,他们能舍得离开这个世界吗?于是千方百计,寻求长生不老之术。最著名的有秦皇、汉武、唐宗、宋祖——这后一位情况不明,为了凑韵,把他拉上了,最后都还是宫车晚出,龙驭上宾了。

我常想,现代人大概不会再相信长生不老了。然而,前几天阅报说,有的科学家正在致力于长生不老的研究。我心中立刻一闪念:假如我晚生80年,现在年龄9岁,说不定还能赶上科学家们研究成功,我能分享一份。但我立刻又一闪念,觉得自己十分可笑。自己不是标榜豁达吗?"应尽便须尽,无复独多虑。"原来那是自欺欺人。老百姓说"好死不如赖活着",我自己也属于"赖"字派。

我有时候认为,造化小儿创造出人类来,实在是多此一举。如果没有人类,世界要比现在安静祥和得多了。可造化小儿也立了一功:他不让人长生不老。否则,如果人人都长生不老,我们今天会同孔老夫子坐在一条板凳上,在长安大戏院里欣赏全本的《四郎探母》,那是多么可笑而不可思议的情景啊!我继而又一想,如果五千年来人人都不死,小小的地球上早就承担不了了。所以我们又应该感谢造化小儿。

在对待生命问题上，中国人与印度人迥乎不同。中国人希望转生，连唐明皇和杨贵妃不也是希望"生生世世为夫妻"吗？印度人则在笃信轮回转生之余，努力寻求跳出轮回的办法。以佛教而论，小乘终身苦修，目的是想达到涅槃。大乘顿悟成佛，目的也无非是想达到涅槃。涅槃者，圆融清静之谓，这个字的原意就是"终止"，终止者，跳出轮回不再转生也。中印两国人民的心态，在对待生死大事方面，是完全不同的。

据我个人的看法，人一死就是涅槃，不用你苦苦去追求。那种追求是"可怜无补费工夫"。在亿万年地球存在的期间，一个人只能有一次生命。这一次生命是万分难得的。我们每一个人都必须认识到这一点，切不可掉以轻心。尽管人的寿夭不同，这是人们自己无能为力的。不管寿长寿短，都要尽力实现这仅有的一次生命的价值。多体会民胞物与的意义，使人类和动植物都能在仅有的一生中过得愉快，过得幸福，过得美满，过得祥和。

2000年10月7日凌晨一挥而就

长寿之道

我已经到了望九之年，可谓长寿矣。因此经常有人向我询问长寿之道，养生之术。

我敬谨答曰："养生无术是有术。"

这话看似深奥，其实极为简单明了。我有两个朋友，十分重视养生之道。每天锻炼身体，至少要练上两个钟头。曹操诗曰："对酒当歌，人生几何？"人生不过百年，每天费上两个钟头，统计起来，要有多少钟头啊！利用这些钟头，能做多少事情呀！如果真有用，也还罢了。他们两人，一个先我而走，一个卧病在家，不能出门。

因此，我首创了三"不"主义：不锻炼，不挑食，不嘀咕。名闻全国。

我这个三不主义，容易招误会，我现在利用这个机会解释一下。我并不绝对反对适当的体育锻炼，但不要过头。一个人如果天天望长寿如大旱之望云霓，而又绝对相信体育锻炼，则此人心态恐怕有点失常，反不如顺其自然为佳。

至于不挑食，其心态与上面相似。常见有人年才逾不惑，就开始挑食，蛋黄不吃，动物内脏不吃，每到吃饭，战战兢兢，如履薄冰，窘态可掬，看了令人失笑。以这种心态而欲求长寿，岂非南辕而北辙！

我个人认为，第三点最为重要。对什么事情都不嘀嘀咕咕，心胸开朗，乐观愉快，吃也吃得下，睡也睡得着，有问题则设法解决之，有困难则努力克服之，决不视芝麻绿豆大的窘境如苏迷卢山般大，也决不毫无原则随遇而安，决不玩世不恭。"应尽便须尽，无复独多虑。"有这样的心境，焉能不健康长寿？

我现在还想补充一点，很重要的一点。根据我个人七八十年的经验，一个人决不能让自己的脑筋投闲置散，要经常让脑筋活动着。根据外国一些科学家实验结果，"用脑伤神"的旧说法已经不能成立，应改为"用脑长寿"。人的衰老主要是脑细胞的死亡。中老年人的脑细胞虽然天天死亡；但人一生中所启用的脑细胞只占细胞总量的四分之一，而且在活动的情况下，每天还有新的脑细胞产生。只要脑筋的活动不停止，新生细胞比死亡细胞数目还要多。勤于动脑筋，则能经常保持脑中血液的流通状态，而且能通过脑筋协调控制全身的功能。

我过去经常说："不要让脑筋闲着。"我就是这样做的。结果是有人说我"身轻如燕，健步如飞"。这话有点过了头，反正我比同年龄人要好些，这却是真的。原来我并没有什么科学根据，只能算是一种朴素的直觉。现在读报纸，得到了上面认识。在沾沾自喜之余，谨作补充如上。

这就是我的"长寿之道"。

1997年10月29日

老年四"得"

著名的历史学家周一良教授,在他去世前的一段时间内,在一些公开场合,讲了他的或者他听到的老年健身法门。每一次讲,他都是眉开眼笑、眉飞色舞,十分投入。他讲了四句话:吃得进,拉得出,睡得着,想得开。这话我曾听过几次。我在心里第一个反应是:这有什么好讲的呢?不就是这样子吗?

一良先生不幸逝世以后,迫使我时常想到一些与他有关的事情,以上四句话,四个"得",当然也在其中。我越想越觉得,这四句话确实很平凡;但是,人世间真正的真理不都是平凡的吗?真理蕴藏于平凡中,世事就是如此。

前三句话,就是我们所说的吃喝拉撒睡那一套,是每一个人每天都必须处理的,简直没有什么还值得考虑和研究的价值,但这是年青人和某一些中年人的看法。当年我在清华大学读书的时候,从来没想到这四个"得"的问题,因为它们不成问题。当时听说一个个子高大的同学患失眠症,我大惊失色。我睡觉总是睡不够的,一个人怎么会能失眠呢?失眠对我来说简直像是一个神话。至于吃和拉,更是不在话下。每一顿饭,如果少吃了一点,则不久就感到饿意。"二战"期间我在德国时,饿得连地球都想吞下去(借用俄国文豪果戈理《巡按使》中的话)。有一次下乡帮助农民摘苹果,得到四五斤土豆,我回家后一顿吃光,幸而没有撑死。怎么能够吃不下呢?直到80岁,拉对我也从来没有成为问题。

　　周一良在一些公开场合，分享他的老年健身法门，"每一次讲，他都是眉开眼笑、眉飞色舞，十分投入。他讲了四句话：吃得进，拉得出，睡得着，想得开"。图为季羡林（后排左三）与老友邓广铭（前排右）、周一良（后排右三），以及学生王邦维（后排右二），助手李铮（后排左二），儿子季承（后排左一）等在一起。

可是,"如今一切都改变"。前三个"得",对我都成问题了。三天两头,总要便秘一次。吃了三黄片或果导,则立即变为腹泻。弄得我束手无策,不知所措。至于吃,我可以说,现在想吃什么就有什么。然而有时却什么也不想吃。偶尔有点饿意,便大喜若狂,昭告身边的朋友们:"我害饿了!"睡眠则多年来靠舒乐安定过日子。不值一提了。

我认为,周一良先生的四"得"的要害是第四个,也就是"想得开"。人,虽自称为"万物之灵",对于其他生物可以任意杀害,也并不总是高兴的。常言道:"不如意事常八九,可与言人无二三。"这两句话对谁都适合。连叱咤风云的君王和大独裁者,以及手持原子弹吓唬别的民族的新法西斯头子,也不会例外。对待这种情况,万应神药只有一味,就是"想得开"。可惜绝大多数人做不到。尤其是我提到的三种人。他们想不开,也根本不想想得开。最后只能成为不齿于人类的狗屎堆。

想不开的事情很多,但统而言之不出名利二字,所谓"名缰利索"者便是。世界上能有几人真正逃得出这个缰和这条索?对于我们知识分子,名缰尤其难逃。逃不出的前车之鉴比比皆是。周一良先生的第四"得",我们实在应深思。它不但适用于老年人,对中青年人也同样适用。

2002年6月16日

睁一只眼　闭一只眼

我活了八十多岁，到现在才真正第一次真切地感觉到：我有两只眼睛。

在过去八十多年中，两只眼睛合作得像一只眼睛一样，只有和谐，没有矛盾；只有合作，没有冲突。它俩陪我走过了世界上 30 个国家，看到过撒哈拉大沙漠，看到过塔克拉玛干大沙漠；看到过尼罗河、幼发拉底河、湄公河，看到过长江、黄河；看到过黄山的云海，看到过泰山的五大夫松；看到过春花，看到过秋月；看到过朝霞，看到过夕照；看到过朋友，看到过敌人；看遍了大千世界的众生相，并且探幽烛微，深窥某一些人的心灵深处。总之，是它们俩帮助我了解了世界，了解了人情。否则我只能是盲人一个，浑浑噩噩，糊涂一生。

然而，我却从未意识到它们竟是两个。

最近，由于白内障，右眼动了手术，而左眼没有动。结果大出我意料：右眼的视力达到了 0.6，能看清我多年认为是黑色的毛衣原来是深蓝色的，我非常惊喜。可是，如果闭上右眼，睁开左眼，我的毛衣仍然是黑色的。这又令我极为扫兴。我的两只合作了八十多年的眼睛，现在忽然闹起矛盾来：它们原来是两个。

这给我带来了极大的困难。

搞我们这一行爬格子的人，看书写字都离不开眼睛。现在两只眼忽然不合作起来，看稿纸，一边是白而亮的；另一边却是阴暗昏黄的，你让我怎样下笔？一不小心，偏听偏信了某一只眼睛，字就会写得出了格子，不成字形。

中国老百姓有一句俗话："睁一只眼，闭一只眼。"意思是看到了非法之事或非法之人，你就睁一只眼，闭一只眼，装作没有看见。这是和稀泥、息事宁人的歪门邪道，不属于中国老百姓崇高的伦理标准。然而奉行此话者却大有人在。我并不赞成，但有时却也想仿效。我是赞成"路见不平，拔刀相助"的。根据眼前的社会风气，我看还是不拔刀为好。有时候你拔刀相助那个人本身一看风头不对，会对你反咬一口的。

如果我现在想运用"睁一只眼，闭一只眼"这个法宝，却凭空增加了困难。我究竟应该闭哪一只眼又睁哪一只眼呢？闭左眼，没有用；因为即使睁开也是白睁，眼前一片昏暗，什么也看不见。如果睁开右眼，则眼前光明辉耀，物无遁形，想装看不见，也是不可能的了。

我现在深悔，不应该为右眼动手术。如果不动的话，则两只眼同样老花昏暗，不法之事和不法之人，我根本看不清，用不着睁一只眼，闭一只眼，就能够六根清净，心地圆融，根本不伤什么脑筋。可我现在既然已经动了，决无恢复原状的可能。那么，怎么办呢？我只能套用李密《陈情表》中的两句话："羡林进退，实为狼狈。"

1997年9月17日

《病榻杂忆》序

此书原拟定名为《新生集》，后来张世林兄建议改为"病榻杂忆"。我稍一寻思，立即欣然赞同，我认为，世林兄不愧是内行，能点铁成金。"新生"二字干瘪无味，不知所云，经这样一改，则全书皆活矣。此书编纂过程中，我的助手李玉洁女士、杨锐女士付出了颇多的劳动，谨致谢意。为了保存历史原状，《新生集序》可作一单独的文章，仍然保留下来。

2006年9月10日

《新生集》序

事前同张世林同志达成了君子协定，2002年文章的结集就叫做《新纪元文存》（续编）。我原来以为，这也颇为顺理成章，并无异议。但是，不知从什么时候起，我也学会了一点生意经。我觉得，《新纪元文存》已经出版问世，大家是熟悉的，在封面上，这五个字特别大，赫然昭如日月，而"续编"二字只能颇小，暗淡若晨星。读者如果不细心，是很容易忽略的。他们会认为，此书已经买过，不必再买了。这对做生意是很不利的。

于是我就想改一个名。大家都知道，给新书起名是煞费周章的。我想来想去，想出了"新生"二字。这两个字太平庸了，太一般了。如果想在上面撒一点檀香末的话，有大文豪但丁的名著在。

可是我并不想撒檀香末，对我来讲，这是亲身的经历。2001—2002年，我运交华盖，注定了是我的生病年。我曾三次住进301医院，其中有两次是抢救。在一篇文章中我写过，我曾到阎王爷殿前去报到。大概是因为手续不全，图章没有敲够数，或者是红包不丰，我被拒收。只好又溜达回来，躺在301的病床上。

常言道，天佑善人。我是个善人吗？不管怎样，两次抢救都奇迹般地成了功。我是不折不扣地获得了新生。

我就以"新生"名吾集，志喜也。

2003年1月13日

《病榻杂忆》小引

半年以前，我已经运交华盖。一进羊年，对别人是三羊开泰，对我则是三羊开灾，三羊开病。没有能够看到池塘生春草。没有能看到楼旁小土山上露出一丝绿意。更谈不到什么"沾衣欲湿杏花雨，吹面不寒杨柳风"了。我就病倒，被送进了三〇一医院。到今天已经一百多天，不但春天已过，夏天也好像早已开始了。

春天是复苏，是醒悟，是希望，是光明。这几种东西都是人见人爱的。因此没有人不爱春天，我当然不能例外。

但是我有一个怪的想法，想参与春天的到来。春来春去，天地常规，人怎么能参预呢？我的意思并不是想去干预，我只是想利用自己的五官四肢的某一部分去感知春天的到来。古人诗：

镇日寻春不见春，芒鞋踏破垅头云。
归来笑拈梅花嗅，春到枝头已十分。

诗人的春天是嗅出来的。在过去的90年中，我大概每年都通过我的某一个感官，感知春天的到来，心中充满了喜悦和光明，眼前有无限的希望。偏偏今年出了娄子，没有能感知到春天的到来，就进了医院。

我有一个优（缺）点，就是永远不让脑海停止活动。在初进医院的时候，忙于同病魔作斗争，没有想多少东西。病势一稍缓，脑海又活动起来了。全身让人感到舒服的地方，几乎没有，独独思维偏不糊涂。除了有时还遗憾春天的逝去以外，脑袋里想了好多好多的东西。特别是在输液时，有六七大瓶药水高高地挂在自己头顶上，这有极大威慑力，自己心里想：这够你吃四五个小时的了。我还想到许许多多别的事情，包括古代的诗词。我于是想写一些文章，不是记录自己的医疗过程，而是记录自己想到的东西。结果文章确实写了不少。现在把这些文章收集起来，编成了一个集子，名之曰《病榻杂忆》送给读者。

我知道，人世间大概还有一些关心我的朋友，他们有的会想到："季羡林哪里去了？"现在这一本小册子就可以告诉他们：季羡林还活着，不过是经过了一段颇长的疾病的炼狱。现在正从炼狱里走出来，想重振雄风了。

在三〇一医院治病期间，受到了院领导、大夫们以及护士们的爱护，衷心感谢。

　　蒙新世界出版社的周奎杰和张世林两同志加以青睐，答应出版，十分感激。书中的照片大都是一直陪我住院的李玉洁女士精心挑选的。

2003年6月16日于三〇一医院

第一次　2001年12月

第二次　2002年8月

第三次　2002年11月

第四次　2003年2月

同仁医院

我已经到了望九之年；但生平只住过一次医院，那是真病。这次又无端住进了病房，堂而皇之地穿上病号衣服。实际上我没有真病，只不过是为白内障做手术做好准备而已。我自己感觉是病房中的假病号，应该归入"假冒伪劣"之列。心里觉得颇为滑稽可笑。

第一次住进医院时，"十年浩劫"才过了一半多，正是乍暖还寒时候。我被北大那一位臭名昭著的"老佛爷"戴上那许多顶莫须有的政治帽子，一顶也没有摘掉。说它们有，它们没有；说它们没有，它们又似乎真有，都在虚无缥缈间，我作为人的定位，也在虚无缥缈间。到了医院，几乎到处遭到白眼。虽然托了人，仍然被放在一间有十几个人住的大病房中。同房的人看来都是"必须领导一切"的人，这一点从谈话中就可以知道。在当时的政治氛围中，他们确实表现出了"领导一切"的气概，可是我总怀疑其中不乏泡病号者。他们谈笑风生，睥睨一切，身体强壮，逸兴遄飞。几乎每一个人床头抽屉中都有一个小厨房，油盐酱醋，外加黄瓜和西红柿等等，用以济医院厨房之穷。看样子，他们有些人似乎想以此为家，久居不迁。在他们眼中，我无疑是一"异类"，没有几个人愿意或者敢或肯搭理我。我的病因是六天水米没有进口，我的一个学生冒着点风险，把我用救护车送进了医院。"岁寒然后知松柏之后凋也。"我对这一位真正经过了考验的忠诚不二的学生，永世感激。但是，经过了两天一夜的点滴，我总算是从死亡的边界上又被抢了回来。我一能自己吃饭，立即请求大夫，放我回家，还我以自由自在身。

焉知二十六七年以后，现在我又以冒牌病号的身份住进了病房。沧海桑田，此时已换了人间，阴霾已过，天日重明。我头顶上那许多顶帽子早已无影无踪。现在换上了一摞另一种性质的帽子，有的大得、辉煌得令人害怕。我如果有什么优点的话，那就是多少还有点自知之明。我知道自己吃几碗干饭，常人都知道，骂煞难而捧煞易。骂煞一关，我已经渡过。对捧煞一关，我头脑还是清楚的。在进入病房之前，捧风尚未飘入医院，曾碰过一些小小的钉子。进入病房以后，碰巧供病人翻阅报刊杂志中，有《中华英才》，又碰巧里面有介绍我的文章，附有大幅照片。又碰巧中央广播电台赶到医院中来采访，是经院长特别批准的，情况特殊，惊师动众，于是我就露了"峥嵘"，大夫、护士，人人笑脸相迎。同"前度刘郎"的心情，有点"天上，人间"的味道了。

但是，是不是一切都这样顺利呢？我的内心是不是都和谐平衡呢？也不是的。大家大概知道，白内障手术是一个小手术。但是，也有忌讳。患糖尿病者绝对不能做。其次是心脏病，我正属于后者，三十五年前，已经戴上了冠心病的帽子。当时，大夫千劝告，万嘱咐，要我一定随身带上硝酸甘油。我遵命带了若干年。但是我在这期间曾乘十八个小时飞机，飞赴法兰克福，曾四飞日本，三飞印度，一飞泰国。也曾攀登几千米高的黄山，任何事情都没有发生。于是我下定决心，丢开硝酸甘油。但是有冠心病，毕竟是事实，屡次查体，都得到同样结论，这一次进医院前，也查过一次。进病房后，心脏科大夫又专门仔仔细细检查过一次，事实俱在，无可抵赖。这就给主刀大夫和病房主治大夫增加了思想负担。后者偷偷地告诉了陪伴我的人，要我们做好思想准备。虽然我三十多年没有发病，如果万一，十万一，百万一在手术台上发生了房颤（心房颤动），则后果就不堪设想，重则去见马克思，轻则丢掉一只眼睛。她劝说：能够不做，就不做了吧。可是，我既然来了，焉有空手而归之理！于是终于还是坐着轮椅，后面跟着一排朋友、同事和学生，气势轩昂地走进了手术室。在坐着等候上台的时候，我又被从十五楼特意调来的心脏科大夫推着巨大心脏监护仪器又问了一遍。这当然会给我增加心理负担。眼部扎麻醉针是并不愉快的，我已经扎过了针，心里虽颇坦然；但是，脑袋忽然一闪念：如果我戴着眼罩，带着半边麻醉过的脸，从手术台上一个箭步蹿了下来，推门逃之夭夭，那岂不会成为空前的笑话吗？如果有《新儒林外史》，也会写上一笔的。说我一点都不紧张，那不是真话，但我还是坐着没有动。我也有我的"诚则灵"。主刀大夫是有名的"天下第一刀"，手术台旁又坐着心脏科大夫，操纵着心脏监测器。我感觉到安全，增强了信心，静静地躺在台上。大夫又叮嘱说：如果有哪怕是一点点不舒服，请马上说话。这一句轻轻的话，有如甘露，有如醍醐。我心里异常平静，静候着第一刀。

我临离开家的时候，除了带上一些稿纸和没有写完的稿子之外，我不知为什么顺手拿了一册《苏轼词》。坐在汽车上，心里莫名其妙地颇有一点"风萧萧兮易水寒"的滋味。又忽然莫名其妙地在心里背诵起苏东坡的"明月几时有？把酒问青天。不知天上宫阙，今夕是何年？"这一首有名的词来。从头背到底，又反回来重背。我同陪我去医院的人基本上没有说话。到了医院,下车进入病房,我忽然又是一闪念:难道背诵这一首生平曾背诵千百遍的名作还会预示着什么朕兆吗?

现在我静静地躺在手术台上,只有脸的右半是麻木的,脑筋却是异常清醒的。我心平气和地躺着,静听主刀大夫和那一位心脏科男大夫轻声细语地商量着什么,又听女大夫要什么晶体。一会是柔和的女低音,一会是低沉的男低音,汇合成一段绝美的极有感染力的动人心魄的音乐。我当然什么都看不到,有时感到右眼中流过一股细流,微有凉意。我能想象,不,我似乎能够看到那女大夫纤巧无与伦比的双手在我眼上舞动着。这时又蓦然在我脑海里浮现出来了苏轼的词。这次不是"明月几时有",而是《浣溪沙》:"缥缈红妆照浅溪,薄云疏雨不成泥。送君何处古台西。　废沼夜来秋水满,茂林深处晚莺啼。行人肠断草凄迷。"我一遍一遍地背诵。胡为乎来哉!我说不出。难道这也会预示着什么朕兆吗?

手术顺利完成。我既没有去见马克思,也没有丢掉一只眼睛,我真正虔诚地向几位大夫致谢,"整个地"走出了手术室。大家群情欢悦,又浩浩荡荡地护送我回到病房。此时又有学生来探视。我们大家去手术室时和回来时的心情,有天渊之别,这自不待说。此时我们各自心中的喜悦在病房中汇成了共同的一点灵犀。

1997年6月28日

在病中

我是在病中。

我是在病中吗？才下结论，立即反驳，常识判断，难免滑稽。但其中不是没有理由的。

早期历史

对于我这一次病的认识，有一个漫长的过程。不但我自己和我身边的人是这个样子，连大夫看来也不例外。这是符合认识事物的规律的，不足为怪。

我患的究竟是一种什么病呢？这件事三言两语说不清楚。

约摸在三四十年以前，身上开始有了发痒的毛病。每年到冬天，气候干燥时，两条小腿上就出现小水泡，有时溃烂流水，我就用护肤膏把它贴上，有时候贴得横七竖八，不成体系，看上去极为可笑。我们不懂医学，就胡乱称之为皮炎。我的学生张保胜曾陪我到东城宽街中医研究院，去向当时的皮肤科权威赵炳南教授求诊。整整等候了一个上午，快到十二点了，该加的塞都加过以后，才轮到了我。赵大夫在一群大夫和研究生的围拥下，如大将军八面威风。他号了号脉，查看了一下，给我开了一服中药，回家煎服后，确有效果。

后来赵大夫去世，他的接班人是姓王的一位大夫，名字忘记了，我们俩同是全国人大代表北京代表团的成员。平常当然会有所接触，但是，他那一副权威相让我不大愿意接近他。后来，皮炎又发作了，非接触不行了，只好又赶到宽街向他求诊。到了现在，我才知道，我患的病叫做老年慢性瘙痒症。不正名倒也罢了，一正名反而让我感到滑稽，明明已经流水了，怎能用一个"瘙痒"了之！但这是他们医学专家的事，吾辈外行还以闭嘴为佳。

西苑医院

以后，出我意料地平静了一个时期。大概在两年前，全身忽然发痒，夜里更厉害。问了问身边的友人，患此症者，颇不乏人。有人试过中医，有人试过西医，大都不尽如人意。只能忍痒负重，勉强对付。至于我自己，我是先天下之痒而痒，而且双臂上渐出红点。我对病的政策一向是拖，不是病拖垮了我，就是我拖垮了病。这次也拖了几天。但是，看来病的劲比我大，决心似乎也大。有道是"好汉不吃眼前亏"，我还是屈服吧。

屈服的表现就是到了西苑医院。

西苑医院几乎同北大是邻居。在全国中医院中广有名声。而且那里有一位大夫是公认为皮肤科的权威，他就是邹铭西大夫。我对他的过去了解不多，我不知道他同赵炳南的关系。是否有师弟之谊，是否同一个门派，统统不知道。但是，从第一次看病起，我就发现邹大夫的一些特点。他诊病时，诊桌旁也是坐满了年轻的大夫、研究生、外来的学习者。邹大夫端居中央，众星拱之。按常识，存在决定意识，他应该傲气凌人，顾盼自雄。然而，实际却正相反。他对病人笑容满面，和颜悦色，一点大夫容易有的超自信都不见踪影。有一位年老的身着朴素的女病人，腿上长着许多小水泡，有的还在流着脓。但是，邹大夫一点也不嫌脏，亲手抚摩患处。我是个病人，我了解病人心态。大夫极细微的面部表情，都能给病人极大的影响。眼前他的健康，甚至于生命就攥在大夫手里，他焉得而不敏感呢？中国有一个词儿，叫做"医德"。医德是独立于医术之外的一种品质。我个人想，在治疗过程中，医德和医术恐怕要平分秋色吧。

我把我的病情向邹大夫报告清楚，并把手臂上的小红点指给他看。他伸手摸了摸，号了号脉，然后给我开了一服中药。回家煎服，没有过几天，小红点逐渐消失了。不过身上的痒还没有停止。我从邹大夫处带回来几瓶止痒药水，使用了几次，起初有用，后来就逐渐失效。接着又从友人范曾先生处要来几瓶西医的止痒药水，使用的结果同中医的药水完全相同，我没有别的办法，只好交替使用，起用了我的"拖病"的政策。反正每天半夜里必须爬起来，用自己的指甲，浑身乱搔。痒这玩意儿也是会欺负人的：你越搔，它越痒。实在不胜其烦了，决心停止，强忍一会儿，也就天下太平了。后背自己搔不着，就使用一种山东叫痒痒挠的竹子做成的耙子似的东西。古代文人好像把这玩意儿叫"竹夫人"。

这样对付了一段时间，我没有能把病拖垮，病却似乎要占上风。我两个手心里忽然长出了一层小疙瘩，有点痒，摸上去皮粗，极不舒服。这使我不得不承认，我的拖病政策失败了，赶快回心向善，改弦更张吧。

西苑二进宫

又由玉洁和杨锐陪伴着走进了邹大夫的诊室。他看了看我的手心，自言自语地轻声说道："典型的湿疹！"又站起来，站在椅子背后，面对我说："我给你吃一服苦药，很苦很苦的！"

取药回家，煎服以后，果然是很苦很苦的。我服药虽非老将，但生平也服了不少。像这样的苦药还从来没有服过。我服药一向以勇士自居，不管是丸药还是汤药，我向来不问什么味道，拿来便吃，眉头从没有皱过。但是，这一次碰到邹大夫的"苦药"，我才真算是碰到克星。药杯到口，苦气猛冲，我下定决心，不怕牺牲，排解万难，几口喝净，又赶快要来冰糖两块，以打扫战场。

服药以后，一两天内，双手手心皮肤下大面积地充水。然后又转到手背，在手背和十个指头上到处起水泡，有大有小，高低不一。但是泡里的水势都异常旺盛，不慎碰破，水能够滋出很远很远，有时候滋到头上和脸上。有时候我感到非常腻味，便起用了老办法、土办法：用消过毒的针把水泡刺穿，放水流出。然而殊不知这水泡斗争性极强，元气淋漓。你把它刺破水出，但立即又充满了水，让你刺不胜刺。有时候半夜醒来，瞥见手上的水泡——我在这里补一句，脚上后来也长起了水泡——，心里别扭得不能入睡，便起身挑灯夜战。手持我的金箍狼牙棒，对水泡一一宣战。有时候用一个多小时的时间才只能刺破一小部分，人极疲烦，只好废然而止。第二天早晨起来，又看到满手的水泡颗粒饱圆，森然列队，向我示威。我连剩勇都没有了，只能徒唤负负，心甘情愿地承认自己是败兵之将，不敢言战矣。

西苑三进宫

不敢言战，是不行的。水泡家族，赫然犹在，而且鼎盛辉煌，傲视一切。我于是又想到了邹铭西大夫。

邹大夫看了看我的双手，用指头戳了戳什么地方，用手指着我左手腕骨上的几个小水泡，轻声地说了一句什么，群弟子点头会意。邹大夫面色很严肃，说道："水泡一旦扩张到了咽喉，事情就不好办了！"这是不是意味着，在邹大夫眼中我的病已经由量变到质变了呢？玉洁请他开一个药方。此时，邹大夫的表情更严肃了："赶快到大医院去住院观察！"

我听说——只是听说，旧社会有经验的医生，碰到重危的病人，一看势头不对，赶快敬谢不迭，让主人另请高明，一走了事。当时好像没有什么抢救的概念和举措，事实上没有设备，何从抢救！但是，我看，今天邹大夫决不是这样子。

我又臆测这次发病的原因。最近半年多以来，不知由于什么缘故，总是不想吃东西，从来没有饿的感觉。一坐近饭桌，就如坐针毡。食品的色香味都引不起我的食欲。严重一点的话，简直可以称之为厌食症——有没有这样一个病名？我猜想，自己肚子里毒气或什么不好的气窝藏了太多，非排除一下不行了。邹大夫嘴里说的极苦极苦的药，大概就是想解决这个问题的。可能是在估计方面有了点差距，所以排除出来的变为水泡的数量，大大地超过了预计。邹大夫成了把魔鬼放出禁瓶的张天师了。挽回的办法只有一个：劝我进大医院住院观察。

只可惜我没有立即执行，结果惹起了一场颇带些危险性的大患。

张衡插曲

张衡，是我山东大学的小校友。毕业后来北京从事书籍古玩贸易，成绩斐然。他为人精明干练，淳朴诚恳。多少年来，对我帮助极大，我们成为亲密的忘年交。

对于我的事情，张衡无不努力去办，何况这一次水泡事件可以说是一件大事，他哪能袖手旁观？他不知道从什么地方得知了这个消息。7月27日晚上，我已经睡下，在忙碌了一天之后，张衡风风火火地跑了进来，手里拿着白矾和中草药。他立即把中药熬好，倒在脸盆里，让我先把双手泡进去，泡一会儿，把手上的血淋淋的水泡都用白矾末埋起来。双脚也照此处理，然后把手脚用布缠起来，我不太安然地进入睡乡。半夜里，双手双脚实在缠得难受，我起来全部抖搂掉了，然后又睡。第二天早晨一看，白矾末确实起了作用，它把水泡粘住或糊住了一部分，似乎是凝结了。然而，且慢高兴，从白矾块的下面或旁边又突出了一个更大的水泡，生意盎然，笑傲东风。我看了真是啼笑皆非。

张衡决不是鲁莽的人，他这一套做法是有根据的。他在大学里学的是文学，不知什么时候又学了中医，好像还给人看过病。他这一套似乎是民间验方和中医相结合的产物。根据我的观察，一开始他信心十足，认为这不过是小事一端，用不着担心。但是，试了几次之后，他的锐气也动摇了。有一天晚上，他也提出了进医院观察的建议，他同邹铭西大夫成了"同志"了。可惜我没有立即成为他们的"同志"，我不想进医院。

艰苦挣扎

在从那时以后的十几二十天里是我一生思想感情最复杂最矛盾最困惑的时期之一。总的心情，可以归纳成两句话：侥幸心理、掉以轻心、蒙混过关的想法与担心恐惧、害怕病情发展到不知伊于胡底的心理相纠缠；无病的幻象与有病的实际相磨合。

中国人常使用一个词儿"癣疥之疾"，认为是无足轻重的。我觉得自己患的正是"癣疥之疾"，不必大惊小怪。在身边的朋友和大夫口中也常听到类似的意见。张衡就曾说过，只要撒上白矾末，第二天就能一切复原。北大校医院的张大夫也说，过去某校长也患过这样的病，住在校医院里输液，一个礼拜后就出院走人。同时，大概是由于张大夫给了点激素吃，胃口忽然大开，看到食品，就想狼吞虎咽，自己认为是个吉兆。又听我的学生上海复旦的钱文忠说，毒水流得越多，毒气出得越多，这是好事，不是坏事。所有这一切都是我爱听的话，很符合我当时苟且偷安的心情。

但这仅仅是事情的一面，事情还有另外一面。水泡的声威与日俱增，两手两脚上布满了泡泡和黑痂。然而客人依然不断，采访的、录音、录像的，络绎不绝。虽经玉洁奋力阻挡，然而，撼山易，撼这种局面难。客人一到，我不敢伸手同人家握手，怕传染了人家，而且手也太不雅观。道歉的话一天不知说多少遍，简直可以录音播放。我最怕的还不是说话，而是照相，然而照相又偏偏成了应有之仪，有不少人就是为了照一张相，不远千里跋涉而来。从前照相，我可以大大方方，端坐在那里，装模作样，电光一闪，大功告成。现在我却嫌我多长了两只手。手上那些东西能够原封不动地让人照出来吗?这些东西,一旦上了报,上了电视,岂不是一失足成千古恨了吗?因此,我一听照相就觳觫不安,赶快把双手藏在背后,还得勉强"笑一笑"哩。

这样的日子好过吗?

静夜醒来,看到自己手上和脚上这一群丑类,心里要怎么恶心就怎么恶心;要怎样头痛就怎样头痛。然而却是束手无策。水泡长到别的地方,我已经习惯了。但是,我偶尔摸一下指甲盖,发现里面也充满了水,我真有点毛了。这种地方一般是不长什么东西的。今天忽然发现有了水,即使想用针去扎,也无从下手。我泄了气。

我蓦地联想到一件与此有点类似的事情。上个世纪50年代后期全国人民头脑发热的时候,在北京号召全城人民打麻雀的那一天,我到京西斋堂去看望下放劳动的干部,适逢大雨。下放干部告诉我,此时山上树下出现了无数的蛇洞,每一个洞口都露出一个蛇头,漫山遍野,蔚为宇宙奇观。我大吃一惊,哪敢去看!我一想到那些洞口的蛇头,身上就起鸡皮疙瘩。我眼前手脚上的丑类确不是蛇头,然而令我厌恶的程度决不会小于那些蛇头。可是,蛇头我可以不想不看,而这些丑类却就长在我身上,如影随形,时时跟着你。我心里烦到了要发疯的程度。我真想拿一把板斧,把双手砍掉,宁愿不要双手,也不要这些丑类!

我又陷入了病与不病的怪圈。手脚上长了这么多丑恶的东西,时常去找医生,还要不厌其烦地同白矾和中草药打交道,能说不是病吗?即使退上几步,说它不过是癣疥之疾,也没能脱离了病的范畴。可是,在另一方面,能吃能睡,能接待客人，能畅读，能照相，还能看书写字，读傅彬然的日记，张学良的口述历史，怎么能说是病呢？

左右考虑，思绪不断，最后还是理智占了上风，我不得不承认，自己是在病中了。

三〇一医院

结论一出，下面的行动就顺理成章了：首先是进医院。

于是就在我还有点三心二意的情况下，玉洁和杨锐把我裹挟到了三〇一医院，找我的老学生这里的老院长牟善初大夫，见到了他和他的助手、学生和秘书——那位秀外慧中、活泼开朗的周大夫。

这里要加上一段插曲。

去年 12 月我曾来这里住院，治疗小便便血。在 12 月 31 日一年的最后一天，我才离开医院。那一次住的是南八楼，算是准高干病房，设备不错而收费却高。再上一层，才是真正的高干病房，病人须是部队少将以上的首长，文职须是副部级以上的干部。玉洁心有所不平，见人就嚷嚷，以至最后传到了中央几个部的领导耳中。中组部派了一位局长来到我家，说 1982 年我已经被定为副部级待遇。由于北大方面在某一个环节上出了点问题，在过去二十年中，校领导更换了几度，谁也不知此事。现在真相既已大白，我可以名正言顺地住进真正的高干病房来了。但是，这里的病房异常紧张。我们坐在善初的办公室里，他亲自打电话给林副院长，林立即批准，给我在呼吸道科病房里挤出了一间房子，我们就住了进来，正式名称是三〇一医院南楼一病室 (ward) 十三床。据说，许多部队的高级将领都曾在这里住过。病室占了整整一层楼，共有十八个房间，每间约有五六十平方米。这样大的病房，我在北京各大医院还没有看到过。还有一点特别之处，这里把病人都称为"首长"，连书面通知文件上也不例外。事实上，这里的病人确乎都是首长。只有现在我一个文职人员。一个教书匠，无端挤了进来，自己觉得有点滑稽而已，有时也有受宠若惊之感。这里警卫极为森严，楼外日夜有解放军站岗，想进来是不容易的。

人虽然住进来了，但是问题还并没有最后解决。医院的皮肤科主任李恒进大夫心头还有顾虑，他不大愿意接受我这个病人。刚搬进十三号病房时，本院的眼科主任魏世辉大夫有事来找我，他们俩是很要好的朋友。李大夫说，北大三院水平高，那里还有皮肤科研究所。但是魏大夫却笑着说："你是西医皮肤科权威大夫之一。你是怕给季羡林治病治不好，砸了牌子！"最后，李大夫无话可说，笑了一笑，大局就这样敲定了。

皮肤科群星谱

说老实话，过去我对三〇一医院的皮肤科毫无所知，这次我来投奔的是"三〇一"三个大字。既然生的是皮肤病，当然就要同皮肤科打交道。打交道的过程，也就是我认识皮肤科的过程。

本科的人数不是太多，只有十几个人。主任就是李恒进大夫。副主任是冯峥大夫，还有一位年轻的汪明华大夫，平常跟我打交道的就是他们三位。我们过去从来没有见过面，彼此是陌生的。互相认识，要从头开始。不久我就发现了他们身上一些优秀的亮点。我在上面已经提到过，李大夫原来是不想收留我的，是我赖着不走，才得以留下的。一旦留下，李大夫就显露出他那在别人身上少见的细致与谨慎，这都是责任心的表现。有一次，我坐在沙发上，他站在旁边，我看到他陷入沉思，面色极其庄严，自言自语地说道："药用多了，这么老的老人怕受不了。用少了，则将旷日持久，治不好病。"最后我看他下了决心，又稍稍把药量加重了点。这是一件小事，无形中却感动了我这个病人。以后，我逐渐发现在冯峥大夫身上这种小心谨慎的作风也十分突出。一个不大的医疗集体中两位领导人的医风和医德，一定会起着决定性的作用。因此，我可以断定，三〇一医院的皮肤科一定是一个可以十分信赖的集体。

两次大会诊

我究竟患的是什么病？进院时并没有结论。李大夫看了以后，心中好像是也没有多少底，但却轻声提到了病的名称，完全符合他那小心谨慎对病人绝对负责的医德医风，他不惜奔波劳碌，不怕麻烦，动员了全科和全院的大夫，再加上北京其他著名医院的一些皮肤科名医，组织了两次大会诊。

我是8月15日下午四时许进院的，搬入南楼，人生地疏，心里迷离模糊，只睡了一夜，第二天早晨，第一次会诊就举行了，距我进院还不到十几个小时，中间还隔了一个夜晚，可见李大夫心情之迫切，会诊的地点就在我的病房里。在扑朔迷离中，我只看到满屋白大褂在闪着白光，人却难以分辨。我偶一抬头，看到了邹铭西大夫的面孔，原来他也被请来了。我赶快向他做检讨，没有听他的话，早来医院，致遭今日之困难与周折，他一笑置之，没有说什么。每一位大夫对我查看了一遍。李大夫还让我咳一咳喉咙，意思是想听一听，里面是否已经起了水泡。幸而没有，大夫们就退到会议室里去开会了。

紧接着在第二天上午就举行了第二次会诊。这一次是邀请院内的一些科系的主治大夫，研究一下我皮肤病以外的身体的情况。最后确定了我患的是天疱疮。李大夫还在当天下午邀请了北大校长许智宏院士和副校长迟惠生教授来院，向他们说明我的病可能颇有点麻烦，让他们心中有底，免得以后另生枝节。

在我心中，我实在异常地感激李大夫和三〇一医院。我算一个什么重要的人物！竟让他们这样惊师动众。我从内心深处感到愧疚。

三〇一英雄小聚义

但是，我并没有愁眉苦脸，心情郁闷。我内心里依然平静，我并没有意识到我现在的处境有什么潜在的危险性。

我的学生刘波，本来准备一次盛大宴会，庆祝我的九二华诞。可偏在此时，我进了医院。他就改变主意，把祝寿与祝进院结合起来举行，被邀请者都是1960年我开办梵文班以来四十余年的梵文弟子和再传弟子，济济一堂，时间是我入院的第三天，8月18日。事情也真凑巧，远在万里之外大洋彼岸的任远正在国内省亲，她也赶来参加了，凭空增添了几分喜庆。我个人因为满手满脚的丑类尚未能消灭，只能待在病房里，不能参加。但是，看到四十多年来我的弟子们在许多方面都卓有建树，印度学的中国学派终于形成了，在国际上我们中国的印度学学者有了发言权了,湔雪了几百年的耻辱,快何如之!

死的浮想

但是,我心中并没有真正达到我自己认为的那样的平静,对生死还没有能真正置之度外。

就在住进病房的第四天夜里,我已经上了床躺下,在尚未入睡之前我偶尔用舌尖舔了舔上颚,蓦地舔到了两个小水泡。这本来是可能已经存在的东西,只是没有舔到过而已。今天一旦舔到,忽然联想起邹铭西大夫的话和李恒进大夫对我的要求,舌头仿佛被火球烫了一下,立即紧张起来。难道水泡已经长到咽喉里面来了吗?

我此时此刻迷迷糊糊,思维中理智的成分已经所余无几,剩下的是一些接近病态的本能的东西。一个很大的"死"字突然出现在眼前,在我头顶上飞舞盘旋。在燕园里,最近十几年来我常常看到某一个老教授的门口开来救护车,老教授登车的时候心中作何感想,我不知道,但是,在我心中,我想到的却是"风萧萧兮易水寒,壮士一去兮不复还!"事实上,复还的人确实少到几乎没有。我今天难道也将变成了荆轲吗?我还能不能再见到我离家时正在十里飘香绿盖擎天的季荷呢!我还能不能再看到那一个对我依依不舍的白色的波斯猫呢?

其实,我并不是怕死。我一向认为,我是一个几乎死过一次的人。"十年浩劫"中,我曾下定决心"自绝于人民"。我在上衣口袋里,在裤子口袋里装满了安眠药片和安眠药水,想采用先进的资本主义自杀方式,以表示自己的进步。在这千钧一发之际,押解我去接受批斗的牢头禁子猛烈地踢开了我的房门,从而阻止了我到阎王爷那里去报到的可能。批斗回来以后,虽然被打得鼻青脸肿,帽子丢掉了,鞋丢掉了一只,身上全是革命小将,也或许有中将和老将吐的痰。游街仪式完成后,被一脚从汽车上踹下来的时候,躺在11月底的寒风中,半天爬不起来。然而,我"顿悟"了。批斗原来是这样子呀!是完全可以忍受的。我又下定决心,不再自寻短见,想活着看一看,"看你横行到几时"。

一个人临死前的心情,我完全有感性认识。我当时心情异常平静,平静到一直到今天我都难以理解的程度。老祖和德华谁也没有发现,我的神情有什么变化。我对自己这种表现感到十分满意,我自认已经参透了生死奥秘,渡过了生死大关,而沾沾自喜,认为自己已经修养得差不多了,已经大大地有异于常人了。

然而黄铜当不了真金,假的就是假的,到了今天,三十多年已经过去了,自己竟然被上颚上的两个微不足道的小水泡吓破了胆,使自己的真相完全暴露于光天化日之下,这完全出乎我的意料。我自己辩解说,那天晚上的行动只不过是一阵不正常的歇斯底里爆发。但是正常的东西往往寓于不正常之中。我虽已经痴长九十二岁,对人生的参透还有极长的距离。今后仍须加紧努力。

皮癌的威胁

常言道"屋漏偏遭连夜雨,船破又遇打头风",前一天夜里演了那一出极短的闹剧(melodrama)之后,第二天早晨,大夫就通知要进行B超检查。我心里咯噔一下子紧张了起来。

谁都知道，检查B超是做什么用的。在每年履行的查体中做B超检查，是应有的过程，大家不会紧张。但是，一个人如果平白无故地被提溜出来检查B超，他一定会十分紧张的。我今天就是这样。

我在三〇一医院是有"前科"的。去年年底来住院，曾被怀疑有膀胱癌。后来经过彻底检查，还了我的清白。今年手脚上又长了这一堆丑类，不痛不痒，却蕴含着神秘的危害性。我看，大概有的大夫就把这现象同皮癌联系上了，于是让我进行彻底的B超检查。B超大夫在我的小腹上对准膀胱所在的地方，使劲往下按。我就知道，他了解我去年的情况。经过十分认真的检查，结论是，我与那种闻之令人战栗的绝症无关。这对我的精神无疑是一个极大的解脱。

奇迹的出现

按照以李、冯两位主任为代表的皮肤科的十分小心谨慎的医风，许多假设都被否定，现在能够在我手脚上那种乱糊糊的无序中找出了头绪，抓住了真实的要害，可以下药了。但是，他们又考虑到我的年龄。药量大了，怕受不了；小了，又怕治不了病，再三斟酌才给定下了药量。于是立即下药，药片药丸粒粒像金刚杵、照妖镜，打在群丑身上，使它们毫无遁形的机会，个个缴械投降，把尾巴垂了下来。水泡干瘪了，干瘪了的结成了痂。在不到几天的时间内，黑痂脱落，又恢复了我原来手脚的面目。我伸出了自己的双手，看到细润光泽，心中如饮醍醐。

奇迹终于出现了。我这一次总算是没有找错地方。常言道:"大难不死,必有后福",这一次我的难多大,我说不清楚,反正总算是一难,这是毫无问题的。年属耄耋,还能够有后福可享,我心旷神怡,乐不可支。

院领导给我留下的印象

这个奇迹发生在三〇一医院。这是一所有上万工作人员的大医院。让这样一所庞大的机构循规蹈矩、按部就班每天起动工作,一定要有原动力的,而这原动力只能来自院领导身上。

我进院以后不久,出差刚回来而又做了三小时报告的朱士俊院长就来看我,还有几个院领导陪同。以后又见到了院政委范银瑞同志,以及几位副院长秦银河、苏元福、王树峰、林运昌等。他们的外貌当然各不相同,应对进退的动作和神态也有差异。但是,在一刹那间,我忽然有了一个"天才"的发现,我发现他们有共同之处。这情况若是落到哲学家手中,他们一定会努力分析,分析,再分析,还不知道要创造出多少新奇的术语,最后给人一个大糊涂,包括他们自己在内。而我呢,还是采用中国传统的办法,使用形象的语言。我杜撰了八个字:形神恢宏,英气逼人。中国古人说:"运筹帷幄之内,决胜千里之外。"三〇一医院没有千里之遥;然而,到了今天这样复杂的社会中,决胜五里,也并不容易的。解放军任用这样的干部来管理这样庞大的一所医院,全军放心,全体人民放心。

病房里的日常生活

上面谈的都可以算做大事,现在谈一些细事。

求實奮進
開拓創新
大鵬展翅

季羨林題。

关于我现在住的病房,上面已经写了简要的介绍,这里不再重复了。我现在只谈一谈我的日常生活。

我活了九十多岁,平生播迁颇多,适应环境的能力因而也颇强。不管多么陌生的环境,我几乎立刻就能适应。现在住进了病房,就好像到了家一样。这里的居住条件、卫生条件等等,都是绝对无可指责的。我也曾住过、看过一些北京大医院的病房,只是卫生一个条件就相形见绌。我对这里十分满意,自然就不在话下了。

在十八间病房里住的真正的首长,大都是解放军的老将军,年龄都低于我,可是能走出房间活动的只不过寥寥四五人。偶尔碰上,点头致意而已。但是,我对他们是充满了敬意的。解放军是中国人民的"新的长城",又是世界和平的忠诚的保卫者。在解放军中立过功的老将,对他们我焉能不极端尊敬呢?

至于我自己的日常生活,我是一个比较保守的人,几十年形成的习惯,走到哪里也改不掉。我每天照例四点多起床,起来立即坐下来写东西。在进院初,当手足上的丑类还在飞扬跋扈的时候,我也没有停下。我的手足有问题,脑袋没有问题。只要脑袋没问题,文章就能写。实际上,我从来没有把脑袋投闲置散,我总让它不停地运转。到了医院,转动的频率似乎更强了。无论是吃饭、散步、接受治疗、招待客人,甚至在梦中,我考虑的总是文章的结构、遣词、造句等与写作有关的问题。我自己觉得,我这样做,已经超过了平常所谓的打腹稿的阶段,打来打去,打的几乎都是成稿。只要一坐下来,把脑海里缀成的文字移到纸上,写文章的任务就完成了。

七点多吃过早饭以后,时间就不能由我支配,我就不得安闲了。大夫查房，到什么地方去做体检，反正总是闲不住。但是，有时候坐在轮椅上，甚至躺在体检的病床上，脑袋里忽然一转，想的又是与写文章有关的一些问题。这情况让我自己都有点吃惊。难道是自己着了魔了吗？

在进院后，不到一个月的时间内，我写了三万字的文章，内容也有学术性很强的，也有一些临时的感受。这在家里是做不到的。

生活条件是无可指责的，一群像白衣天使般的小护士，个个聪明伶俐，彬彬有礼，同她们在一起，自己也似乎年轻了许多。

我想用两句话总结我的生活：在治病方面，我是走过炼狱；在生活方面，我是住于乐园。

第三次大会诊

奇迹发生以后，我到三〇一医院来的目的可以说是已经完全达到了，可以胜利还朝了。但是，正如我在上面已经说过的那样，我本是皮肤科的病人，可是皮肤科的病房已经满员，所以借用了呼吸道科仅余的一间病房。焉知歪打正着，我作为此科的病人，也是够格的，我患有肺气肿、哮喘等病。主治大夫大概对借房的过程不甚了了，既然进了他的领域，就是他的病人，于是也经常来查房、下药，连我的呼吸道的毛病也给清扫了一下。对我来说，这无疑是意外的收获。

我的血压，几十年来，一贯正常。入院以后，服了激素，血压大概受到了影响，一度升高。这本来也算不了什么大事。但是，这里的大夫之心如新发之硎，纤细不遗。他们看出我的血压有点毛病，立即加以注意，除了天天量以外，还进行过一次二十四小时的连续观测。最终认为没有问题，才从容罢手。

总起来看，这次大会诊的目的是：总结经验，肯定胜利，观察现状，预测未来。从院领导一直到每一个与我的病有关的大夫，都想把我躯体中的隐患一一扫净，让原来我手足上那样的丑类永远不能再出生。他们这种用心把我感动得热烘烘的，嘴里说不出任何话来。

简短的评估

我生平不爱生病。在九十多年的寿命中，真正生病住院，这是第三次。因此，我对医生和医院了解很有限。但是，有时候也有所考虑。以我浅见所及，我觉得，医院和医生至少应该具备三个条件：医德、医术、医风。中国历代把医药事业说成是"医乃仁术"。在中国传统道德的范畴中，仁居第一位。仁者爱人，心中的仁外在表现就是爱。现在讲"救死扶伤"，也无非是爱的表现。医生对病人要有高度的同情心，要有为他们解除病苦的迫切感。这就是医德，应该排在首位。所谓医术，如今医科大学用五六年，甚至更长的时间所学的就是这一套东西，多属技术性的，一说就明白，用不着多讲。最后一项是医风。把医德、医术融合在一起，再加以必要的慎重和谨严，就形成了医生和医院的风采、风格或风貌、风度。这三者在不同的医院里和医生身上，当然不会完全相同，高低有别，水平悬殊，很难要求统一。

以上都是空论，现在具体到三〇一医院和这里的大夫们来谈一点我个人的看法。医院的最高领导，我大概都接触过了，对他们的印象我已经写在上面。至于大夫，我接触得不多，了解得不多，不敢多谈。我只谈我接触最多的皮肤科的几位大夫。对整科的印象，我在上面也已写过。我现在在这里着重讲一个人，就是李恒进大夫。我们俩彼此接触最多，了解最深。

实话实说，李大夫最初是并不想留下我这个病人的，他是专家，他一看我得的病是险症，是能致命的，谁愿意把一块烧红的炭硬接在自己手里呢？我的学生前副院长牟善初的面子也许起了作用，终于硬着头皮把我留下了。这中间他的医德一定也起了作用。

他一旦下决心把我留下，就全力以赴，上面讲到的两次大会诊就是他的行动表现。我自己糊里糊涂，丝毫没有感到问题的严重性。他是专家，他一眼就看出了我患的是天疱疮，一种险症。善初肯定了这个看法，遂成定论。患这样的病，如果我不是九十二，而是二十九，还不算棘手。但我毕竟是前者而非后者。下药重了，有极大危险；轻了，又治不了病。什么样的药量才算恰好，这是查遍医典也不会得到任何答案的。在这一个极难解决的问题上，李大夫究竟伤了多少脑筋，用了多大的精力，我不得而知，但却能猜想。经过了不知多少次反复思考，最终找到了恰到好处的药量。一旦服了下去，奇迹立即产生。不到一周的时间内，手脚上的水泡立即向干瘪转化。我虽尚懵里懵懂，但也不能不感到高兴了。

我同李恒进大夫素昧平生，最初只是大夫与病人的关系。但因接触渐多，我逐渐发现他身上有许多闪光的东西，使我暗暗钦佩。我感觉到，我们现在已经走上了朋友的关系。我坚信，他是一个可以信赖的朋友。

在治疗过程中，有时候也说上几句闲话。我发现李大夫是一个很有哲学头脑的人。他多次说到,治我现在的病是"在矛盾中求平衡"。事实不正是这样子吗?病因来源不一,表现形式不一,抓住要点,则能纲举目张;抓不住要点,则是散沙一盘。他和冯峥大夫等真正抓住了我这病的要点,才出现了奇迹。

我一生教书,搞科学研究,在研究方面,我崇尚考证。积累的材料越多越好,然后爬罗剔抉,去伪存真。无证不信,孤证难信。"大胆的假设,小心的求证",这一套都完全用上。经过了六七十年这样严格的训练,自谓已经够严格慎重的了。然而,今天,在垂暮之年,来到了三〇一医院,遇到了像李大夫这样的医生,我真自愧弗如,要放下老架子,虚心向他们学习。

还有一点也必须在这里提一提,这就是预见性。初入院时,治疗还没有开始,我就不耐烦住院,问李大夫什么时候可以出院。他沉思了会儿,说:"如果年轻五十岁,半个月就差不多了。现在则至少一个月多。"事实正是这个样子。他这种预见性是怎样来的,我说不清楚。

现在归纳起来,极其简略地说上几句我对三〇一医院和其中的一些大夫,特别是李恒进大夫的印象。在医德、医术、医风中,他们都是高水平的,可以称之为"三高医院"和"三高大夫",都是中国医坛上的明珠。

反躬自省

我在上面,从病原开始,写了发病的情况和治疗的过程,自己的侥幸心理,掉以轻心,自己的瞎鼓捣,以至酿成了几乎不可收拾的大患，进了三〇一医院，边叙事、边抒情、边发议论、边发牢骚，一直写了一万三千多字。现在写作重点是应该换一换的时候了。换的主要枢纽是反求诸己。

三〇一医院的大夫们发扬了"三高"的医风，熨平了我身上的创伤，我自己想用反躬自省的手段，熨平我自己的心灵。

我想从认识自我谈起。

每一个人都有一个自我，自我当然离自己最近，应该最容易认识。事实证明正相反，自我最不容易认识。所以古希腊人才发出了Know thyself的惊呼。一般的情况是，人们往往把自己的才能、学问、道德、成就等等评估过高，永远是自我感觉良好。这对自己是不利的，对社会也是有害的。许多人事纠纷和社会矛盾由此而生。

不管我自己有多少缺点与不足之处，但是认识自己，我是颇能做到一些的。我经常剖析自己。想回答"自己究竟是一个什么样的人"这样一个问题。我自信能够客观地实事求是地进行分析的。我认为，自己决不是什么天才，决不是什么奇才异能之士，自己只不过是一个中不溜丢的人；但也不能说是蠢材。我说不出，自己在哪一方面有什么特别的天赋。绘画和音乐我都喜欢，但都没有天赋。在中学读书时，在课堂上偷偷地给老师画像，我的同桌同学比我画得更像老师，我不得不心服。我羡慕许多同学都能拿出一手儿来，唯独我什么也拿不出。

我想在这里谈一谈我对天才的看法。在世界和中国历史上，确实有过天才；我都没能够碰到。但是，在古代，在现代，在中国，在外国，自命天才的人却层出不穷。我也曾遇到不少这样的人。他们那一副自命不凡的天才相，令人不敢向迩。别人嗤之以鼻，而这些"天才"则巍然不动，挥斥激扬，乐不可支。此种人物列入《儒林外史》是再合适不过的。我除了敬佩他们的脸皮厚之外，无话可说。我常常想，天才往往是偏才。他们大脑里一切产生智慧或灵感的构件集中在某一个点上，别的地方一概不管，这一点就是他的天才之所在。天才有时候同疯狂融在一起，画家梵高就是一个好例子。

在伦理道德方面，我的基础也不雄厚和巩固。我决没有现在社会上认为的那样好，那样清高。在这方面，我有我的一套"理论"。我认为，人从动物群体中脱颖而出，变成了人。除了人的本质外，动物的本质也还保留了不少。一切生物的本能，即所谓"性"，都是一样的，即一要生存，二要温饱，三要发展。在这条路上，倘有障碍，必将本能地下死力排除之。根据我的观察，生物还有争胜或求胜的本能，总想压倒别的东西，一枝独秀。这种本能人当然也有。我们常讲，在世界上，争来争去，不外名利两件事。名是为了满足求胜的本能，而利则是为了满足求生。二者联系密切，相辅相成，成为人类的公害，谁也铲除不掉。古今中外的圣人贤人们都尽过力量，而所获只能说是有限。

至于我自己，一般人的印象是，我比较淡泊名利。其实这只是一个假象，我名利之心兼而有之。只因我的环境对我有大裨益，所以才造成了这一个假象。我在四十多岁时，一个中国知识分子当时所能追求的最高荣誉，我已经全部拿到手。在学术上是中国科学院学部委员，即后来的院士。在教育界是一级教授。在政治上是全国政协委员。学术和教育我已经爬到了百尺竿头，再往上就没有什么阶梯了。我难道还想登天做神仙吗？因此，以后几十年的提升提级活动我都无权参加，只是领导而已。假如我当时是一个二级教授——在大学中这已经不低了，我一定会渴望再爬上一级的。不过，我在这里必须补充几句。即使我想再往上爬，我决不会奔走、钻营、吹牛、拍马，只问目的，不择手段。那不是我的作风，我一辈子没有干过。

写到这里，就跟一个比较抽象的理论问题挂上了钩：什么叫好人？什么叫坏人？什么叫好？什么叫坏？我没有看过伦理教科书，不知道其中有没有这样的定义。我自己悟出了一套看法，当然是极端粗浅的，甚至是原始的。我认为，一个人一生要处理好三个关系：天人关系，也就是人与大自然的关系；人人关系，也就是社会关系；个人思想和感情中矛盾和平衡的关系。处理好了，人类就能够进步，社会就能够发展。好人与坏人的问题属于社会关系。因此，我在这里专门谈社会关系，其他两个就不说了。

正确处理人与人的关系，主要是处理利害关系。每个人都有自己的利益，都关心自己的利益。而这种利益又常常会同别人有矛盾的。有了你的利益，就没有我的利益。你的利益多了，我的就会减少。怎样解决这个矛盾就成了芸芸众生最棘手的问题。

人类毕竟是有思想能思维的动物。在这种极端错综复杂的利益矛盾中，他们绝大部分人都能有分析评判的能力。至于哲学家所说的良知和良能，我说不清楚。人们能够分清是非善恶，自己处理好问题。在这里无非是有两种态度，既考虑自己的利益，为自己着想，也考虑别人的利益，为别人着想。极少数人只考虑自己的利益，而又以残暴的手段攫取别人的利益者，是为害群之马，国家必绳之以法，以保证社会的安定团结。

这也是衡量一个人好坏的基础。地球上没有天堂乐园,也没有小说中所说的"君子国"。对一般人民的道德水平不要提出过高的要求。一个人除了为自己着想外,能为别人着想的水平达到百分之六十,他就算是一个好人。水平越高,当然越好。那样高的水平恐怕只有少数人能达到了。

大概由于我水平太低,我不大敢同意"毫不利己,专门利人"这种提法,一个"毫不",再加上一个"专门",把话说得满到不能再满的程度。试问天下人有几个人能做到。提这个口号的人怎样呢?这种口号只能吓唬人,叫人望而却步,决起不到提高人们道德水平的作用。

至于我自己,我是一个谨小慎微、性格内向的人。考虑问题有时候细入毫发。我考虑别人的利益,为别人着想,我自认能达到百分之六十。我只能把自己划归好人一类。我过去犯过许多错误,伤害了一些人。但那决不是有意为之,是为我的水平低修养不够所支配的。在这里,我还必须再做一下老王,自我吹嘘一番。在大是大非问题前面,我会一反谨小慎微的本性,挺身而出,完全不计个人利害。我觉得,这是我身上的亮点,颇值得骄傲的。总之,我给自己的评价是:一个平平常常的好人,但不是一个不讲原则的滥好人。

现在我想重点谈一谈对自己当前处境的反思。

我生长在鲁西北贫困地区一个僻远的小村庄里。晚年,一个幼年时的伙伴对我说:"你们家连贫农都够不上!"在家六年,几乎不知肉味,平常吃的是红高粱饼子,白馒头只有大奶奶给吃过。没有钱买盐,只能从盐碱地里挖土煮水醃咸菜。母亲一字不识,一辈子季赵氏,连个名都没有捞上。

我现在一闭眼就看到一个小男孩,在夏天里浑身上下一丝不挂，滚在黄土地里，然后跳入浑浊的小河里去冲洗。再滚，再冲；再冲，再滚。

"难道这就是我吗？"

"不错，这就是你！"

六岁那年，我从那个小村庄里走出，走向通都大邑，一走就走了将近九十年。我走过阳关大道，也跨过独木小桥。有时候歪打正着，有时候也正打歪着。坎坎坷坷，跌跌撞撞，磕磕碰碰，推推搡搡，云里，雾里。不知不觉就走到了现在的九十二岁，超过古稀之年二十多岁了。岂不大可喜哉！又岂不大可惧哉！我仿佛大梦初觉一样，糊里糊涂地成为一位名人。现在正住在三〇一医院雍容华贵的高干病房里。同我九十年前出发时的情况相比，只有李后主的"天上人间"四个字差堪比拟于万一。我不大相信这是真的。

我在上面曾经说到，名利之心，人皆有之。我这样一个平凡的人，有了点名，感到高兴，是人之常情。我只想说一句，我确实没有为了出名而去钻营。我经常说，我少无大志，中无大志，老也无大志。这都是实情。能够有点小名小利，自己也就满足了。可是现在的情况却不是这样子。已经有了几本传记，听说还有人正在写作。至于单篇的文章数量更大。其中说的当然都是好话，当然免不了大量溢美之词。别人写的传记和文章，我基本上都不看。我感谢作者，他们都是一片好心。我经常说，我没有那样好，那是对我的鞭策和鼓励。

我感到惭愧。

常言道，"人怕出名猪怕壮"，一点小小的虚名竟能给我招来这样的麻烦，不身历其境者是不能理解的。麻烦是错综复杂的，我自己也理不出个头绪来。我现在，想到什么就写点什么,绝对是写不全的。首先是出席会议。有些会议同我关系实在不大。但却又非出席不行,据说这涉及会议的规格。在这一项大帽子下面,我只能勉为其难了。其次是接待来访者,只这一项就头绪万端。老朋友的来访,什么时候都会给我带来欢悦,不在此列。我讲的是陌生人的来访,学校领导在我的大门上贴出布告:谢绝访问。但大多数人却熟视无睹,置之不理,照样大声敲门。外地来的人,其中多半是青年人,不远千里,为了某一些原因,要求见我。如见不到,他们能在门外荷塘旁等上几个小时,甚至住在校外旅店里,每天来我家附近一次。他们来的目的多种多样;但是大体上以想上北大为最多。他们慕北大之名;可惜考试未能及格。他们错认我有无穷无尽的能力和权力,能帮助自己。另外想到北京找工作的也有,想找我签个名照张相的也有。这种事情说也说不完。我家里的人告诉他们我不在家。于是我就不敢在临街的屋子里抬头,当然更不敢出门,我成了"囚徒"。其次是来信。我每天都会收到陌生人的几封信。有的也多与求学有关。有极少数的男女大孩子向我诉说思想感情方面的一些问题和困惑。据他们自己说,这些事连自己的父母都没有告诉。我读了真正是万分感动,遍体温暖。我有何德何能,竟能让纯真无邪的大孩子如此信任!据说,外面传说,我每信必复。我最初确实有这样的愿望。但是,时间和精力都有限。只好让李玉洁女士承担写回信的任务。这个任务成了德国人口中常说的"硬核桃"。其次是寄来的稿子,要我"评阅",提意见,写序言,甚至推荐出版。其中有洋洋数十万言之作。我哪里有能力有时间读这些原稿呢?有时候往旁边一放,为新来的信件所覆盖。过了不知多少时候,原作者来信催还原稿。这却使我作了难。"只在此室中,书深不知处"了。如果原作者只有这么一本原稿,那我的罪孽可就大了。其次是要求写字的人多,求我的"墨宝",有的是楼台名称,有的是展览会的会名,有的是书名,有的是题词,总之是花样很多。一提"墨宝",我就汗颜。小时候确实练过字。但是,一入大学,就再没有练过书法,以后长期居住在国外,连笔墨都看不见,何来"墨宝"。现在,到了老年,忽然变成了"书法家",竟还有人把我的"书法"拿到书展上去示众,我自己都觉得可笑!有比较老实的人,暗示给我:他们所求的不过"季羡林"三个字。这样一来,我的心反而平静了一点,下定决心:你不怕丑,我就敢写。其次是广播电台、电视台,还有一些什么台,以及一些报刊杂志编辑部的录像采访。这使我最感到麻烦。我也会说一些谎话的;但我的本性是有时嘴上没遮掩,有时说溜了嘴,在过去,你还能耍点无赖,硬不承认。今天他们人人手里都有录音机,"君子一言,驷马难追",同他们订君子协定,答应删掉;但是,多数是原封不动,和盘端出,让你哭笑不得。上面的这一段诉苦已经够长的了,但是还远远不够,苦再诉下去,也了无意义,就此打住。

我虽然有这样多麻烦,但我并没有被麻烦压倒。我照常我行我素,做自己的工作。我一向关心国内外的学术动态。我不厌其烦地鼓励我的学生阅读国内外与自己研究工作有关的学术刊物。一般是浏览,重点必须细读。为学贵在创新。如果连国内外的新都不知道,你的新何从创起?我自己很难到大图书馆看杂志了。幸而承蒙许多学术刊物的主编不弃,定期寄赠。我才得以拜读,了解了不少当前学术研究的情况和结果,不致闭目塞听。我自己的研究工作仍然照常进行。遗憾的是,许多多年来就想研究的大题目,曾经积累过一些材料,现在拿起来一看，顿时想到自己的年龄，只能像玄奘当年那样，叹一口气说："自量气力，不复办此。"

对当前学术研究的情况，我也有自己的一套看法，仍然是顿悟式地得来的。我觉得，在过去，人文社会科学学者在进行科研工作时，最费时间的工作是搜集资料，往往穷年累月，还难以获得多大成果。现在电子计算机光盘一旦被发明，大部分古籍都已收入。不费吹灰之力，就能涸泽而渔。过去最繁重的工作成为最轻松的了。有人可能掉以轻心，我却有我的忧虑。将来的文章由于资料丰满可能越来越长，而疏漏则可能越来越多。光盘不可能把所有的文献都吸引进去，而且考古发掘还会不时有新的文献呈现出来。这些文献有时候比已有的文献还更重要，万万不能忽视的。好多人都承认，现在学术界急功近利浮躁之风已经有所抬头，剽窃就是其中最显著的表现，这应该引起人们的戒心。我在这里抄一段朱子的话，献给大家。朱子说："圣贤言语，一步是一步。近来一种议论，只是跳踯。初则两三步做一步，甚则十数步做一步，又甚则千百步做一步。所以学之者皆颠狂。"（《朱子语类》124）愿与大家共勉力戒之。

我现在想借这个机会廓清与我有关的几个问题。

辞"国学大师"

现在在某些比较正式的文件中，在我头顶上也出现"国学大师"这一灿烂辉煌的光环。这并非无中生有，其中有一段历史渊源。

约摸十几二十年前，中国的改革开放大见成效，经济飞速发展。文化建设方面也相应地活跃起来。有一次在还没有改建的大讲堂里开了一个什么会，专门向同学们谈国学，中华文化的一部分毕竟是保留在所谓"国学"中的。当时在主席台上共坐着五位教授，每个人都讲上一通。我是被排在第一位的，说了些什么话，现在已忘得干干净净。《人民日报》的一位资深记者是北大校友，"于无声处听惊雷"，在报上写了一篇长文《国学，在燕园又悄然兴起》。从此以后，其中四位教授，包括我在内，就被称为"国学大师"。他们三位的国学基础都比我强得多。他们对这一顶桂冠的想法如何，我不清楚。我自己被戴上了这一顶桂冠，却是浑身起鸡皮疙瘩。这情况引起了一位学者（或者别的什么"者"）的"义愤"，触动了他的特异功能，在杂志上著文说，提倡国学是对抗马克思主义。这话真是石破天惊，匪夷所思，让我目瞪口呆。一直到现在，我仍然没有想通。

说到国学基础，我从小学起就读经书、古文、诗词。对一些重要的经典著作有所涉猎。但是我对哪一部古典，哪一个作家都没有下过死工夫，因为我从来没想成为一个国学家。后来专治其他的学术，浸淫其中，乐不可支。除了尚能背诵几百首诗词和几十篇古文外；除了尚能在最大的宏观上谈一些与国学有关的自谓是大而有当的问题比如天人合一外，自己的国学知识并没有增加。环顾左右，朋友中国学基础胜于自己者，大有人在。在这样的情况下，我竟独占"国学大师"的尊号，岂不折煞老身（借用京剧女角词）！我连"国学小师"都不够，遑论"大师"！

为此，我在这里昭告天下：请从我头顶上把"国学大师"的桂冠摘下来。

辞"学界(术)泰斗"

这要分两层来讲:一个是教育界,一个是人文社会科学界。

先要弄清楚什么叫"泰斗"。泰者,泰山也;斗者,北斗也。两者都被认为是至高无上的东西。

光谈教育界。我一生做教书匠,爬格子。在国外教书十年,在国内五十七年。人们常说:"没有功劳,也有苦劳。"特别是在过去几十年中,天天运动,花样翻新,总的目的就是让你不得安闲,神经时时刻刻都处在万分紧张的情况中。在这样的情况下,我一直担任行政工作,想要做出什么成绩,岂不戛戛乎难矣哉!我这个"泰斗"从哪里讲起呢?

在人文社会科学的研究中,说我做出了极大的成绩,那不是事实。说我一点成绩都没有,那也不符合实际情况。这样的人,滔滔者天下皆是也。但是,现在却偏偏把我"打"成泰斗。我这个泰斗又从哪里讲起呢?

为此,我在这里昭告天下:请从我头顶上把"学界(术)泰斗"的桂冠摘下来。

辞"国宝"

在中国,一提到"国宝",人们一定会立刻想到人见人爱憨态可掬的大熊猫。这种动物数量极少,而且只有中国有,称之为"国宝",它是当之无愧的。

可是,大约在八九十来年前,在一次会议上,北京市的一位领导突然称我为"国宝",我极为惊愕。到了今天,我所到之处,"国宝"之声洋洋乎盈耳矣。我实在是大惑不解。当然,

"国宝"这一顶桂冠并没有为我一人所垄断,其他几位书画名家也有此称号。

我浮想联翩,想探寻一下起名的来源。是不是因为中国只有一个季羡林,所以他就成为"宝"。但是,中国的赵一钱二孙三李四等等,等等,也都只有一个,难道中国能有十三亿"国宝"吗?

这种事情,痴想无益,也完全没有必要。我来一个急煞车。

为此,我在这里昭告天下:请从我头顶上把"国宝"的桂冠摘下来。

三顶桂冠一摘,还了我一个自由自在身。身上的泡沫洗掉了,露出了真面目,皆大欢喜。

露出了真面目,自己是不是就成了原来蒙着华贵的绸罩的朽木架子而今却完全塌了架了呢?

也不是的。

我自己是喜欢而且习惯于讲点实话的人。讲别人,讲自己,我都希望能够讲得实事求是,水分越少越好。我自己觉得,桂冠取掉,里面还不是一堆朽木,还是有颇为坚实的东西的。至于别人怎样看我,我并不十分清楚。因为,正如我在上面说的那样,别人写我的文章我基本上是不读的,我怕里面的溢美之词。现在困居病房,长昼无聊,除了照样舞笔弄墨之外,也常考虑一些与自己学术研究有关的问题,凭自己那一点自知之明,考虑自己学术上有否"功业",有什么"功业"。我尽量保持客观态度。过于谦虚是矫情,过于自吹自擂是老王,二者皆为我所不敢取。我在下面就"夫子自道"一番。

我常常戏称自己为"杂家"。我对人文社会科学领域内,甚至科技领域内的许多方面都感兴趣。我常说自己是"样样通,样样松"。这话并不确切。很多方面我不通;有一些方面也不松。合辙押韵,说着好玩而已。

我从事科学研究工作,已经有七十年的历史。我这个人在任何方面都是后知后觉。研究开始时并没有显露出什么奇才异能,连我自己都不满意。后来逐渐似乎开了点窍,到了德国以后,才算是走上了正路。但一旦走上了正路,走的就是快车道。回国以后,受到了众多的干扰,"十年浩劫"中完全停止。改革开放,新风吹起,我又重新上路,到现在已有二十多年了。

根据我自己的估算,我的学术研究的第一阶段是德国十年,研究的主要方向是原始佛教梵语,我的博士论文就是这方面的题目。在论文中,我论到了一个可以说是被我发现的新的语尾,据说在印欧语系比较语言学上颇有重要意义,引起了比较语言学教授的极大关怀。到了 1965 年,我还在印度语言学会出版的 Indian Linguistics Vol. II 发表了一篇 On the Ending-neuthu for the First Person Rlural Atm. in the Buddhist mixed Dialect[①]。这是我博士论文的持续发展。当年除了博士论文外,我还写了两篇比较重要的论文,一篇是讲不定过去时的,一篇讲 -aṃ > o, u。都发表在哥廷根科学院院刊上。在德国,科学院是最高学术机构,并不是每一个教授都能成为院士。德国规矩,一个系只有一个教授,无所谓系主任。每一个学科,全国也不过有二三十个教授,比不了我们现在大学中一个系的教授数量。在这样的情况下,再选院士,其难可知。科学院的院刊当然都是代表最高学术水平的。我以一个三十岁刚出头的异国的毛头小伙子竟能在上面连续发表文章,要说不沾沾自喜,那就是纯粹的谎话了。而且我在文章中提出的结论至今仍能成

---

① 经查,本篇发表于 1949 年的 *Indian Linguistics* Vol. XI。

立，还有新出现的材料来证明，足以自慰了。此时还写了一篇关于解读吐火罗文的文章。

1946年回国以后，由于缺少最起码的资料和书刊，原来做的研究工作无法进行，只能改行，我就转向佛教史研究，包括印度、中亚以及中国佛教史在内。在印度佛教史方面，我给与释迦牟尼有不共戴天之仇的提婆达多翻了案，平了反。公元前五六世纪的北天竺，西部是婆罗门的保守势力，东部则兴起了新兴思潮，是前进的思潮，佛教代表的就是这种思潮。提婆达多同佛祖对着干，事实俱在，不容怀疑。但是，他的思想和学说的本质是什么，我一直没弄清楚。我觉得，古今中外写佛教史者可谓多矣，却没有一人提出这个问题，这对真正印度佛教史的研究是不利的。在中亚和中国内地的佛教信仰中，我发现了弥勒信仰的重要作用。也可以算是发前人未发之覆。我那两篇关于"浮屠"与"佛"的文章，篇幅不长，却解决了佛教传入中国的道路的大问题，可惜没引起重视。

我一向重视文化交流的作用和研究。我是一个文化多元论者，我认为，文化一元论有点法西斯味道。在历史上，世界民族，无论大小，大多数都对人类文化做出了贡献。文化一产生，就必然会交流，互学，互补，从而推动了人类社会的进步。我们难以想象，如果没有文化交流，今天的世界会是一个什么样子。在这方面，我不但写过不少的文章，而且在我的许多著作中也贯彻了这种精神。长达约八十万字的《糖史》就是一个好例子。

提到了《糖史》，我就来讲一讲这一部书完成的情况。我发现，现在世界上流行的大语言中，"糖"这一个词儿几乎都是转弯抹角地出自印度梵文的 śarkarā 这个字。我从而领悟到，在糖这种微末不足道的日常用品中竟隐含着一段人类文化交流史。于是我从很多年前就着手搜集这方面的资料。在德国读书时，我在汉学研究所曾翻阅过大量的中国笔记，记得里面颇有一些关于糖的资料。可惜当时我脑袋里还没有这个问题，就视而不见，空空放过，而今再想弥补，是绝对不可能的事情了。今天有了这问题，只能从头做起。最初，电子计算机还很少很少，而且技术大概也没有过关。即使过了关，也不可能把所有的古籍或今籍一下子都收入。留给我的只有一条笨办法：自己查书。然而，群籍浩如烟海，穷我毕生之力，也是难以查遍的。幸而我所在的地方好，北大藏书甲上库，查阅方便。即使这样，我也要定一个范围。我以善本部和楼上的教员阅览室为基地，有必要时再走出基地。教员阅览室有两层楼的书库，藏书十余万册。于是在我八十多岁后，正是古人"含饴弄孙"的时候，我却开始向科研冲刺了。我每天走七八里路，从我家到大图书馆，除星期日大馆善本部闭馆外，不管是冬天，还是夏天；不管是刮风下雨，还是坚冰在地，我从未间断过。如是者将及两年，我终于翻遍了书库，并且还翻阅了《四库全书》中有关典籍，特别是医书。我发现了一些规律。首先是，在中国最初只饮蔗浆，用蔗制糖的时间比较晚。其次，同在古代波斯一样，糖最初是用来治病的，不是调味的。再次，从中国医书上来看，使用糖的频率越来越小，最后几乎很少见了。最后，也是最重要的一点，把原来是红色的蔗汁熬成的糖浆提炼成洁白如雪的白糖的技术是中国发明的。到现在，世界上只有两部大型的《糖史》，一为德文，算是世界名著；一为英文，材料比较新。在我写《糖史》第二部分，国际部分时，曾引用过这两部书中的一些资料。做学问，搜集资料，我一向主张要有一股"竭泽而渔"的劲头。不能贪图省力，打马虎眼。

既然讲到了耄耋之年向科学进军的情况，我就讲一讲有关吐火罗文研究。我在德国时，本来不想再学别的语言了，因为已经学了不少，超过了我这个小脑袋瓜的负荷能力。但是，那一位像自己祖父般的西克（E.Sieg）教授一定要把他毕生所掌握的绝招统统传授给我。我只能向他那火一般的热情屈服，学习了吐火罗文A焉耆语和吐火罗文B龟兹语。我当时写过一篇文章，讲《福力太子因缘经》的诸译本，解决了吐火罗文本中的一些问题，确定了几个过去无法认识的词儿的含义。回国以后，也是由于缺乏资料，只好忍痛与吐火罗文告别，几十年没有碰过。20世纪70年代，在新疆焉耆县七个星断壁残垣中发掘出来了吐火罗文A的《弥勒会见记剧本》残卷。新疆博物馆的负责人亲临寒舍，要求我加以解读。我由于没有信心，坚决拒绝。但是他们苦求不已，我只能答应下来，试一试看。结果是，我的运气好，翻了几张，书名就赫然出现：《弥勒会见记剧本》。我大喜过望。于是在冲刺完了《糖史》以后，立即向吐火罗文进军。我根据回鹘文同书的译本，把吐火罗文本整理了一番，理出一个头绪来。陆续翻译了一些，有的用中文，有的用英文，译文间有错误。到了20世纪90年代后期，我集中精力，把全部残卷译成了英文。我请了两位国际上公认是吐火罗文权威的学者帮助我，一位德国学者、一位法国学者。法国学者补译了一段，其余的百分之九十七八以上的工作都是我做的。即使我再谦虚，我也只能说，在当前国际上吐火罗文研究最前沿上，中国已经有了位置。

下面谈一谈自己的散文创作。我从中学起就好舞笔弄墨。到了高中，受到了董秋芳老师的鼓励。从那以后的七十年中，一直写作不辍。我认为是纯散文的也写了几十万字之多。但我自己喜欢的却为数极少。评论家也有评我的散文的；一般说来，我都是不看的。我觉得，文艺评论是一门独立的科学，不必与创作挂钩太亲密。世界各国的伟大作品没有哪一部是根据评论家的意见创作出来的。正相反，伟大作品倒是评论家的研究对象。目前的中国文坛上，散文又似乎是引起了一点小小的风波，有人认为散文处境尴尬，等等，皆为我所不解。中国是世界散文大国，两千多年来出现了大量优秀作品，风格各异，至今还为人所诵读，并不觉得不新鲜。今天的散文作家大可以尽量发挥自己的风格，只要作品好，有人读，就算达到了目的，凭空作南冠之泣是极为无聊的。前几天，病房里的一位小护士告诉我，她在回家的路上一气读了我五篇散文，她觉得自己的思想感情有向上的感觉。这种天真无邪的评语是对我最高的鼓励。

最后，还要说几句关于翻译的话。我从不同文字中翻译了不少文学作品，其中最主要的当然是印度大史诗《罗摩衍那》。

以上是我根据我那一点自知之明对自己"功业"的评估，是我的"优胜纪略"。但是，我自己最满意的还不是这些东西，而是自己胡思乱想关于"天人合一"的新解。至少在十几年前，我就想到了一个问题。大自然中出现了不少问题，比如生态平衡破坏，植物灭种，臭氧出洞，气候变暖，淡水资源匮乏，新疾病产生等等，等等。哪一样不遏制，人类发展前途都会受到影响。我认为，这些危害都是西方与大自然为敌，要征服自然的结果。西方哲人歌德、雪莱、恩格斯等早已提出了警告，可惜听之者寡，情况越来越严重，各国政府，甚至联合国才纷纷提出了环保问题。我并不是什么先知先觉，只是感觉到了，不得不大声疾呼而已。我的"天人合一"要求的是人与大自然要做朋友,不要成为敌人。我们要时刻记住恩格斯的话:大自然是会报复的。

以上就是我的"夫子自道","道"得准确与否,不敢说。但是,"道"的都是真话。

此外,在提倡新兴学科方面,我也做了一些工作,比如敦煌学,我在这方面没有写过多少文章;但对团结学者和推动这项研究工作,我却做出了一些贡献。又如比较文学,关于比较文学的理论问题,我几乎没有写过文章,因为我没有研究。但是中国第一个比较文学研究会却是在北大成立的,可以说是开风气之先。此外,我还主编了几种大型的学术丛书,首先就是《东方文化集成》,准备出五百种,用高水平的研究成果,向世界人民展示什么叫东方文化。我还帮助编纂了《四库全书存目丛书》,取得了很大的成功。其余几种现在先不介绍了。我觉得有相当大意义的工作是我把印度学引进了中国,或者也可以说,在中国过去有光辉历史的有上千年历史的印度研究又重新恢复起来。现在已经有了几代传人,方兴未艾。要说从我身上还有什么值得学习的东西,那就是勤奋。我一生不敢懈怠。

总而言之,我就是通过这一些"功业"获得了名声,大都是不虞之誉。政府、人民,以及学校给予我的待遇,同我对人民和学校所做的贡献,相差不可以道里计。我心里始终感到疚愧不安。现在有了病,又以一个文职的教书匠硬是挤进了部队军长以上的高干疗养的病房,冒充了四十五天的"首长"。政府与人民待我可谓厚矣。扪心自问,我何德何才,获此殊遇!

就在进院以后,专家们都看出了我这一场病的严重性,是一场能致命的不大多见的病。我自己却还糊里糊涂,掉以轻心,溜溜达达,走到阎王爷驾前去报到。大概由于文件上一百多块图章数目不够,或者红包不够丰满,被拒收,我才又走回来,再也不敢三心二意了,一住就是四十五天,捡了一条命。

我在医院中是一个非常特殊的病人,一般的情况是,病人住院专治一种病,至多两种。我却一气治了四种病。我的重点是皮肤科,但借住在呼吸道科病房里,于是大夫也把我吸收为他们的病人。一次我偶尔提到,我的牙龈溃疡了。院领导立刻安排到牙科去,由主任亲自动手,把我的牙整治如新。眼科也是很偶然的。我们认识魏主任,他说要给我治眼睛。我的眼睛毛病很多,他作为专家,一眼就看出来了。细致的检查,认真的观察,在十分忙碌的情况下,最后他说了一句铿锵有力的话:"我放心了!"我听了当然也放心了。他又说,今后五六年中没有问题。最后还配了一副我生平最满意的眼镜。

上面讲的主要是医疗方面的情况。我在这里还领略人情之美。我进院时,是病人对医生的关系。虽然受到院长、政委、几位副院长,以及一些科主任和大夫的礼遇,仍然不过是这种关系的表现。

但是,悄没声地这种关系起了变化。我同几位大夫逐渐从病人医生的关系转向朋友的关系,虽然还不能说无话不谈,但却能谈得很深,讲一些蕴藏在心灵中的真话。常言道:"对人只讲三分话,不能闲抛一片心。"讲点真话,也并不容易的。此外,我同本科的护士长、护士,甚至打扫卫生的外地来的小女孩,也都逐渐熟了起来,连给首长陪住的解放军战士也都成了我的忘年交,其乐融融。

我的七十年前的老学生原三〇一副院长牟善初,至今已到了望九之年,仍然每天穿上白大褂,巡视病房。他经常由周大夫陪着到我屋里来闲聊。七十年的漫长的岁月并没有隔断我们的师生之情，不也是人生一大快事吗？

我的许多老少朋友，包括江牧岳先生在内，亲临医院来看我。如果不是三〇一门禁极为森严，则每天探视的人将挤破大门。我真正感觉到了，人间毕竟是温暖的，生命毕竟是可爱的，生活着毕竟是美丽的（我本来不喜欢某女作家的这一句话，现在姑借用之）。

我初入院时，陌生的感觉相当严重。但是，现在我要离开这里了，却产生了浓烈的依依难舍的感情。"客房回看成乐园"，我不禁一步三回首了。

对未来的悬思

我于2002年8月15日入院，9月30日出院回家，带着捡回来的一条命，也可以说是三〇一送给我的一条命，这四十五天并不长，却在我生命历程上划上了一个深深的痕迹。

现在回家来了，怎么办？

记得去年一位泰国哲学家预言我今年将有一场大灾。对这种预言我从来不相信，现在也不相信。但是却不能不承认，他说准了。我在上面已经提到过："大难不死，必有后福。"我还能有什么后福呢？

那些什么"相期以茶"，什么活一百二十岁的话，是说着玩玩的，像唱歌或作诗，不能当真的。真实的情况是，我已经九十二岁。是古今中外文人中极少见的了，我应该满意了。通过这一场大病，我认识到，过去那种忘乎所以的态度是要不得的，是极其危险的。老了就得服老，老老实实地服老，才是正道。我现在能做到这一步了。

或许有人要问：你读万卷书，行万里路，生平极多坎坷，你对人生悟出了什么真谛吗？答曰：悟出了一些，就是我上面说的那一些，真谛就寓于日常生活中，不劳远求。那一套"菩提本无树，明镜亦非台，本来无一物，何处染尘埃"，我是绝对悟不出来的。

现在身躯上的零件，都已经用了九十多年，老化是必然的。可惜不能像机器一样，拆开来涂上点油。不过，尽管老化，看来还能对付一些日子。而且，不管别的零件怎样，我的脑袋还是难得糊涂的。我就利用这一点优势，努力工作下去，再多写出几篇《新日知录》，多写出一些抒情的短文，歌颂祖国，歌颂人民，歌颂生命，歌颂自然，歌颂一切应该歌颂的美好的东西，鞠躬尽瘁，死而后已。

写到这里，最重要的问题我还没有说。老子是讲辩证法的哲学家。他那有名的关于祸福的话，两千年来，尽人皆知：福兮祸所伏，祸兮福所倚。我这一次重得新生，当然是福。但是，这个重得并非绝对的，也还并没有完成。医生让我继续服药，至少半年，随时仔细观察。倘若再有湿疹模样的东西出现，那就殆矣。这无疑在我头顶上用一根头发悬上了一把达摩克里斯利剑，随时都有刺下来的可能。其实，每一个人从出生的那一刹那开始，就有这样的利剑悬在头上，有道是："黄泉路上无老少"嘛，只是人们不去感觉而已。我被告知，也算是幸运，让我随时警惕，不敢忘乎所以。这不是极大的幸福吗？

我仍然是在病中。

2002年10月3日写毕

三 进 宫

有道是"天有不测风云，人有旦夕祸福"。阴差阳错，不知是哪一路神灵规定了2001—2002年是我的患病年。对三〇一医院来说，我已经唱过一次二进宫，现在又三进宫了。

这一次进宫，同二进宫一样，是属于抢救性质的。但是，抢救的是什么病，学说则颇多。有人说是小中风。我虽然没有中过风，但我对此说并不相信。

要想把事情的原委说明白，话必须从2002年11月23日说起。在那一天之前，我一切正常。晚饭时吃了一大碗凉拌大白菜心。当时就觉得吃得过了量，但因为嘴馋，还是吃了下去。吃完看电视新闻时，突然感到浑身发冷，仿佛掉进了冰窟窿里一样，身体抖个不停，上下牙关互相撞击，铿锵有声。身边的人赶快把我抱到床上。在迷迷糊糊中，我听到校医院的保健大夫来了，另外还来了几位大夫，我就说不清楚究竟是谁了。

第二天，也就是11月24日，一整天躺在床上，水米不曾沾牙。25日，有好转，但仍然不能吃东西。26日，大有好转。新江送来俄罗斯学者Litvinsky（李特文斯基）的《东土耳其斯坦佛教史》，这无异于雪中送炭，我顺便翻阅了几页。27日，我的学生刘波特别从西藏请来了一位活佛，为我念咒祈福。对此，我除了感谢刘波的真挚的师生情谊之外，不敢赞一辞。刘波坐在我身边，再三说："你的身体没有问题！"他的话后来兑了现，否则我连这篇《三进宫》也写不成了。当天我的情况很好。但是，到了 28 日，情况突变。于是玉洁和杨锐，又同二进宫一样，硬是把我裹挟到了三〇一医院。有了两次进宫的经历，我在这里已经成了熟人。一进门，二话没说，就进行抢救。我此时高烧三十九度四，对一个九十多岁的老人来说，这是相当高的高烧。我迷迷糊糊，只看到屋子里人很多，有人拿来冰枕，还有人拿来什么，我就感觉不到了。后来听说，是注射了一针价值一千多元的药水，这大概起了作用，在短短的四五个小时之内，温度就到了三十六度多，基本上正常了。抢救于是胜利结束。

我被安排在南楼三楼 15 号病房中。主治大夫是张晓英、段留法、朱兵。护士长是邢云芹，责任组长是赵桂景，看护勇琴歌。在以后一个月多一点儿的时间内，同我打交道的基本上就是这些人。

住进来的目的，据说是为了观察。我想，观察我几天，如果没有重大问题，我就可以打道回府了。可是事实上却不是这样，进房间的第二天就开始输液，有人信口称之为吊瓶子。输液每天三次：上午一次，下午一次，晚上 8 点钟以后一次，在平常日子，我不久就要上床睡觉了，现在却开始输液，有时候一直输到 10 点。最初，我还以为晚上输液只是偶一为之。到了晚上还向护士小姐打听，输不输液。意思是盼望躲过一次。后来才知道，每晚必输，打听也白搭了，我就听之任之。

我现在几乎完全是被动的。没有哪一个大夫告诉我，我究竟患的是什么病。这决不是大夫的怠慢或者懒惰。经过短期的观察，我认为我的三位主治大夫，同大多数的三〇一医院的大夫一样，在医德、医术、医风三个方面水平确是高的。但是，为什么对我实行的"政策"却好像是"病人可使由之，不可使知之"呢？是不是因为知之了以后，不利于疾病的治疗呢？不管怎样，他们的善意我是绝对相信的。我现在唯一合理的做法就是老老实实接受大夫的治疗，不应该胡思乱想。

但是，这并不容易。有输液经验的人都知道，带着针头的那一只手是不能随便乱动的。一不小心，针头错了位，就可能出问题。试想，一只手，以同样的姿势，一动不动地摆在床边上，半小时，能忍受；一个小时，甚至也能忍受。但是，一超过一小时，就会觉得手酸臂痛，难以忍受了。再抬眼看上面架子上吊的装药水的瓶子，还有些药水没有滴完。此时自己心中的滋味真正是不足为外人道也。只有一次，瓶子吊上，针头扎上，我遂即朦胧睡去，等我醒来时，瓶子里的药水刚好滴完，手没有酸，臂没有痛，而竟过了一天，十分满意。可惜这样的经验后来再没有过。我也只有听之任之了。

我自己也想出了一些排遣的办法，比如背诵过去背过的古代诗、词和古文。最初还起点作用，后来逐渐觉得乏味，就不再背诵了。

但是，我总得想些办法来排遣那些万般无奈的输液时间。药水放在上面吊的瓶子中，下面有一条长管把药水输入我的体内，长管中间有一个类似中转站的构件，一个小长方盒似的玻璃盒；在这里面，上面流下来的药水一滴一滴地滴入下面的管子内，再输流下来。在小方盒内，一滴药水就像是一颗珍珠，有时还闪出耀目的光芒。我无端想起了李义山的诗"沧海月明珠有泪"，其间不能说没有一点儿联系。

有一回，针头扎在右手上，只许规规矩矩，不许乱说乱动。正在十分无聊之际，耳边忽然隐约响起了京剧《空城计》诸葛亮在城门楼上那一段有名的唱腔。马连良、谭富英、高庆奎、杨宝森、奚啸伯等著名的须生，大概都唱过《空城计》。我对京剧有点欣赏水平，但并不高。几个大家之间当然会有区别的，我也略能辨识一二。但是，估计唱词是会相同的。此时在我耳边回荡的不是诸葛亮的全部唱词，而只是其中几句："先帝爷，下南阳，御驾三聘；算就了，汉家业，鼎足三分。"这与我当前的处境毫无联系。为什么单单是这几句唱词在我耳边回荡，我自己也说不清楚。既然事实是这样，我也只有这样写了。

又有一次，在输液时，耳边忽然回荡起俄罗斯《伏尔加船夫曲》的旋律，我已经几十年没有听这首我特别喜爱的歌曲了。胡为乎来哉！我却真是大喜过望，沉醉在我自己幻想的旋律中，久久不停。我又浮想联翩，上下五千年，纵横十万里，无边无际地幻想起来。我想到俄罗斯这个民族确实有点儿令人难解。它一半在欧洲，一半在亚洲，论文化渊源，应该属于欧洲体系。然而同欧洲又有所不同。它在历史上崭露头角，时间并不长。却是一出台就光彩夺目。彼得大帝就不像一个平常的人。在他以后的一二百年内，俄罗斯出了多少伟大的文学家、艺术家、科学家等等。像门捷列夫那样的化学家，欧洲就几乎没有人能同他媲美的。谈到文学，专以长篇小说而论，我们都很熟悉的法国和英国那几部大名垂宇宙的长篇小说，一提到它们，大家大都赞不绝口。但是，倘若仔细推敲起来，它们却像花木店里陈列的盆景，精心修剪，玲珑剔透，颇能招人喜爱。如果再仔细观察思考，却难免 superficial 之感。回头再看俄罗斯的几部长篇小说，托尔斯泰的《战争与和平》固无论矣。即以陀思妥耶夫斯基的几部长篇而论，一谈起来，读者就像钻进了原始大森林，枝柯蔽天，蔓藤周匝；没有一点人工的痕迹，却令人感到有一种巨大的原始活力腾涌其中，令人气短，又令人鼓舞。这与法英的长篇小说形成了鲜明的对比。音乐方面，俄罗斯和西方的差异更为显著。不管是民歌，还是音乐家的其他创作，歌声一起，就给人以沉郁顿挫之感。这一首《伏尔加船夫曲》可以作为代表。我幻想中的旋律给了我极大的愉快，使我暂时忘记了输液的麻烦。

我自己很清楚，吊瓶输液是治病必不可少的手段。但是，吊得一多，心里的怪话就蠢蠢欲动。最后掠掉李后主写了两句词：

春花秋月何时了？
吊瓶知多少。

这是谑而不虐，毫无恶意。我对三位老中青主治大夫十分尊敬，他们的话我都认真遵守，决不怠慢。

大家都知道，三〇一医院是人民解放军的总医院，院长、政委、副院长统统由将军担任。院的规模极大，机构繁多，人员充实；内外科别，应有尽有。设备之先进、之周全，国内罕有其匹。这样一个庞大的医德、医术、医风三高的医疗机构，在几位将军院长的领导下，在全体医护人员和勤杂人员的真诚无私的配合下，一年一天也不间断地运作着，有条不紊，一丝不苟，令行禁止，雷厉风行，为成千上万的广大的军民群众救死扶伤，从而赢得了广泛的赞誉。在我三次进宫长达一百天的停留中，我真感到，能在这里工作是光荣的，是幸福的。能在这里做一名病人，也是光荣的，也是幸福的。

我已经九十二岁了。全身部件都已老化，这里有点酸，那里有点痛，可以说是正常的。有时候我漫不经心地流露出一点儿来，然而说者无心，听者有意，这瞒不了全心全意为病人服务的三位主治大夫。有一天，我偶尔谈到，我的牙在口腔内常常咬右边的腮帮子；到了医院以后，并没有专门去治，不知怎样一来，反而好了，不咬了。正如上面所说的，言者无心，听者有意。不知是哪一位大夫听到了"牙"字，认为我的牙有点问题，立即安排轮椅，把我送到牙科主任大夫的手术室中。那一位女大夫仔仔细细检查了我的牙齿，并立即进行补治，把没有必要的尖儿磨掉，用的时间相当久。旁边坐着一位魁梧的军人，可能是一位将军，在等候治疗。我占了这么多时间，感到有点内疚。又有一次，我谈到便秘和外痔，不到一个小时，就来了一位泌尿科的大夫，给我检查有关的部位。所有这一切都让我既感动又不安。

从此以后，我学得乖了一点，我决不再说身上这里痛那里酸。大夫和病人从而相安无事。偶尔还吊一次瓶子，但这已是比较稀见的事，我再没有"春花秋月何时了"这样的牢骚了。

时间早已越过了十二月，向岁末逼近了。我觉得自己的身体已经恢复得差不多了。我常把自己的身体比做一只用过了九十二年的老表，怀表和手表都一样。九十二年不是一个短时期，表的部件都早已老化。现在进了医院，大夫给涂去了油泥，擦上了润滑油，这些老化的部件又能比较顺畅地运作起来。但是，所有这一切都只能治标。治本怎样呢？治本我认为就是返老还童，那是根本做不到的事情。世界上万事万物都不能返老还童。可是根据我的观察，我的三位主治大夫目前的努力方向正是这一件根本做不到的事情。他们想把我身上的大小病痛统统除掉，还我一个十全十美的健全的体格。这情况，我看在眼中，感在心中，使我激动得无话可说。

但是，我想回家。病已经治得差不多了，2002年即将结束。我不愿意尝"一年将尽夜，万里未归人"的滋味。虽然不是"万里"，但究竟不在家中，我愿意在家里过年。况且家中不知已积压了多少工作，等待我去处理。我想出院，心急如焚。张大夫告诉我，我出院必须由我七十年前的老学生，三〇一医院的老院长牟善初批准，牟早已离休，不管这些事了，但是，对于我他却非管不行。为此我曾写过两封信，但都没有递交本人。有一天，张大夫告诉我，两天后我可以出院了。心中大喜。但是，过了不久，张大夫又告诉我，牟院长不同意，我只好收回喜悦，潜心静候。实际上，善初的用意同张大夫一样，是希望我多住几天，需要检查的地方都去检查一下，最后以一个健康的人的姿态走出医院。这一切都使我激动而且感动。一直到2002年12月31日下午我才离开了三〇一，完成了"三进宫"。

我国有十三亿人口，但是三〇一只有一所。能住进普通病房，已属不易。像我这样以一个文职人员竟能住进南楼，权充首长，也许只有我这一份儿。其困难程度可想而知。我可是万万没有想到，想离开这里比进来还要难上加难。原因完全是善意的，已如上述。

写到这里，我的"三进宫"算是唱完了。不管我是多么怀念三〇一，不管我是怎样感激三〇一，不管我是多么想念那里的男女老少朋友们，我也不想像前三次进宫那样，再来一次"四进宫"。

2003年2月6日写完

护 士 长

八十多岁以前,我基本上没生大病,没有住过医院,没有见过什么护士。虽然"白衣天使"一类的词也出现在我的文章中,但那只不过是空洞的概念而已。

从去年起,运交华盖,开始生起比较严重的病来。由于我的一个老学生原三〇一医院的副院长牟善初教授的指引,我才得以住进了遐迩闻名的三〇一医院。由于病情屡变,我曾五次进出,我戏称之为"五进宫"。只是最近这一进宫,虽然住得时间相当长,至今还是出宫无望。我由此而生苦恼。

在这医院里,我才看到了真正的护士,而且知道,还有一位护士长。

我在这里,患病的名目不止一个,所以颇换了几次病房。最后转到了骨科病房,就是我现在住的地方。这里当然也有一些护士,其中有一个护士长,算是群龙之首。她们都是青春妙龄,精力充沛。然而走动起来却是踏地细无声,这样的肃静是病人绝对需要的。看到了这样的护士,病人的病痛会减退几分的,我个人的经验就是这样。

在这里,我想特别讲一位护士长。

在医院里,人人都戴大口罩,一个人的庐山真面目是看不到的。对于这一位护士长,最初我只能看到大白口罩上两只灵动的大眼睛。只是到了若干天之后,她休假了,才改换了装束,真正的护士长我才得以看到,这是后话,暂且不表。

可是，我们的护士长不需要庐山真面目的，只听她的声音就够了。这声音的确与众不同——至少是在我的耳朵里——她的声音，像一串小银铃铛互相撞击从而发出了清脆悦耳的声音。这声音有极其细致入微的内涵，里面隐含着忠诚、同情、信赖、爱护，都是语言所难以表达的。每次听到这个声音，心中就暗暗地有一股暖流穿过。

可是，我却万万没有想到，有一天护士长问我刮不刮胡子。医院里的病人，大都忙活着治自己的病，至于脸上腮上的于思于思，从来不去管它。我此时已经两三个月没有理发，病房里没有镜子，我无法看清自己，但是，我想，"够瞧的"了。我自己起了一个别号，叫做"白毛老妖"。没有人出来反对。现在护士长居然关心我的胡子。她说，她要亲手给我刮。我真是惊喜之至了。问她工具何在。她说就用我在七十年前初到德国时买的那一套工具，有刀片，有刀片夹。我是不大买新东西的。这一套工具我用了七十多年，随我走遍大半个世界。不意在今天，在新世纪，它又要在护士长手上显灵了。

虽然我并不放心，护士长却是信心十足。她拿起了老工具，在我脸上嘴巴上涂上肥皂沫，抬手就刮开了。你甭说，她还真有两下子，这个异域的老工具，在她手上，敬谨从命。说一句老实话，比我自己刮得要好。连鼻子和上唇之间那极小的地区，她无不刮到，而且刮得干净。我放了心，我服了。

从此以后，在几个月中，我的刮胡子的任务，就全由她一个人包办了。每隔一段时间，就刮一次，至今已经刮十多次，准确数目，谁也说不清了。

最令人感动的是，护士长在休假期间，我们以为她真休假了。可是有一天一个便装的年轻的姑娘忽然站在我眼前，我初极惊愕，但是那银铃般的笑声却是无法掩饰的，我知道是护士长。她并没有去休假，而是找我来刮胡子了。看她的年龄比盛装的护士长的年龄要差十岁。

大概在别的方面她的表现也特别突出。因此，在今年国际护士节时，院里把她列为全院仅有的三位模范护士长之一。

也许有人认为，这些都是芝麻绿豆般的小事，值不得大肆吹嘘。这种意思我是不能同意的。目前我国社会风尚颇多不尽如人意之处，原因确实很多；但是，其中之一就是大家都热衷于自己的"大"事，而对于朋友间的关心和照顾，则往往忽略。正是在这些地方，我们需要认真学习护士长。

这位护士长是谁呢？

她是三〇一医院某楼的护士长，名字叫刘珍蓉。

2003 年 6 月 17 日于三〇一医院

白衣天使新赞

我曾写过一篇赞白衣天使的短文。目标只停留在护士身上，所见不广，所论必浅。

最近一两年来，我自己申报为生病专业户。皇天后土，实加佑护。身上这里起个泡，明天那里又起了包。看起来眼花缭乱，实际上性命却丢不了。我衷心窃自怡悦，觉得这个职业算是选对了。

有生病专业户，就必然有它的对立面治病专业户，这就是广义的白衣天使。这一个群体，到处救死扶伤，治病救人，毫不利己，专门利人，他们是最可爱的人。

我甚至想入非非，觉得这一批天使，在他们决心学医的时候，就证明他们是有宿根、宿愿的，这种宿根、宿愿，与"我不入地狱，谁入地狱"有密切联系。

我在上面提到，毫不利己，专门利人，这两句话是我们有时会听到的。几十年来，我们从大小领导人嘴里常常听到这两句话。然而这两句话究竟有多大分量呢？好像不大有人去考虑过。

人是动物之一，一切动物的本能就是，一要生存，二要温饱，三要发展（传宗接代）。要想克服这些本能性的东西，谈何容易！

根据我多年来的观察和体验，我觉得，在多少年来形成的成百上千的职业行当中，最与"毫不利己，专门利人"接近的是大夫，也就是白衣天使。试想，一个病人和一个大夫相对而

"这一个群体,到处救死扶伤,治病救人,毫不利己,专门利人,他们是最可爱的人。"

坐。此时病人的唯一愿望是把病治好，大夫唯一的愿望也是把病人的病治好，两个人的愿望完全一致，欲不毫不利己，专门利人，岂可得乎？

近几年来，自从我申报为生病专业户以后，我都住在医院中，具体地说就是三〇一医院。我天天接触到的人就是大夫、护士等一大群白衣天使。他（她）们那种毫不利己、专门利人的风度时时在熏染着我。他们既治了我身上的病，也治了我心头的病。

但是，想把这一个光辉灿烂的群体中每一个人都一一加以叙述，是非常困难的，无已，我只能从中选出一个代表，加以叙述，以概其余。

我选的是宋守礼大夫。

一直到今天，我们中国老百姓嘴里还常听到使用"缘分"二字。他们说："有缘千里来相会，无缘对面不相识。""缘分"这玩意儿看不着，摸不着；但是它确确实实存在，谁都否认不掉。我同宋大夫似乎就有缘分，不然的话，为什么首先遇见他，而不是别人呢？哲学上可能叫做"偶然性"，意思是一样的。

不管是出于什么原因，我们相遇了，我们认识了，我们好像是互相了解了。在医院里，普遍存在的关系，是大夫与病人的关系。而在我们中间，这种普遍存在的关系，好像慢慢地质变，向朋友和朋友之间的关系逐渐转变了。

我上面这一大堆话，都属于叙述的范畴。叙述是必要的，但是，过多了，则流于肤泛，非我所取。我举一个简单的例证。

我年已九十有五，在病员中也许能考取年龄状元。双腿又不良于行，只能坐轮椅。在楼中活动的时候，握轮椅的任务，玉洁和小护工当然当仁不让。出楼活动，还要转上救护车，则非她们力量所能及的。这时候，开救护车的军人司机走到车后，又约了一个小伙子，力量仍然不够。站在旁边的宋大夫并没有袖手旁观，而是毅然走上前去，献出了自己的肩膀。我的轮椅终于爬上了救护车。这是一件小事，可也算是一件大事。难道它不同毫不利己、专门利人密切联系吗？

我不是说，所有的白衣天使都毫不利己、专门利人。也不是说，白衣天使以外没有人毫不利己、专门利人。我只是想说，白衣天使们，由于职业关系，更容易接近毫不利己、专门利人而已。

白衣天使们有福了。

一方面，我们都要向白衣天使们学习。另一方面，也希望白衣天使们不要局限在目前的水平上，而是要前进，再前进，给我们提供更有影响，更有说服力的榜样。

2005年6月29日

安装心脏起搏器

听说个别老友安装了起搏器。

我也是有心脏病的,学名大概是心律不齐。这一点玉洁是知道的。于是她也让我安装。我答应了。

我这个人好胡思乱想。一看到起搏器,我立即莫名其妙地想到了马克思。几十年前,我读过一本书,讲到马克思的死:他孤零地坐在一间屋子里,被人发现时已经死去。用常识来答:只能由于心脏突然停止跳动或脑血管出了问题,如果当年已经有了起搏器,而马克思又已装上了的话,他一定不会这样愉快地"无痛而终的"。他能够继续活下来,继续写他的《资本论》,写到什么程度,那就很难说。反正可以免掉恩格斯许多麻烦。

输　液

简捷明了一句话：我对输液有意见。

大家都知道，在西医的医院中——有人反对西医这个词儿，我还认为中医、西医对称好——把药物送入病人体中的手段无非两种：一种是吃药，一种就是输液。

因此，对输液只能拥护，不能反对。我的态度也是这样。但是，对眼前一些具体措施我却是颇有意见的。这些措施对别的病人有什么影响，我说不出。对我影响却是极大的。我是闻输液而色变，看吊瓶而魂飞。早晨，医院刚一开始活动，护士小姐就把一大堆大大小小的输液用的瓶子挂在床旁的杆子上，有时能达到六七个之多。我心里想：这够你半天吃的了。

瓶子吊好。护士小姐就在手上或腿上（原来不知道），扎上一针，把一个极细的针管对准你的血管扎在里面。这个针管后面有长管一直通到一丈多高吊瓶上，吊瓶里面的药水就通过这根长管慢慢流入你的体内。针管的尖只能对准血管，稍一歪，就刺入肌肉中去，从吊瓶上流下来的药水不能流入血管，只能流入肌肉内，肌肉是没有承受能力的，药水一多，就"鼓"了起来，拳头或腿部就会肿了起来，十分可怕。

这还没完。吊瓶一挂，就是吊瓶第一，别的工作都必须给它们让路。你要吃饭了，一瓶还没有输完，你必须枵腹等待。你要睡觉了，一瓶还没有输完，你必须忍困恭候。这样十分不方便，是很明显的。

其实这个问题并不难解决。只要稍稍加强一点计划性,就万事亨通了。一瓶药水输入能用多少时间,这个心中有了底,大小瓶之间的安排就有了根据。输液同别的活动之间的矛盾,也就迎刃而解了。岂不是一举数得吗?

最后,我还想一个在内行人眼中十分幼稚可笑的问题:每一次在众输液瓶威慑下我蜷曲着身体不敢吭一声的时候,我就要问自己:我的肚子,我整个的身躯就这么一点点大,能容得下输液瓶中那样多的药水吗?有的药水是不是可以减少一下分量?

2003 年 6 月 21 日

目中无人

中国的成语"目中无人"是一个贬义词,意思是狂妄自大,把谁都不放在眼中,天上天下,唯我独尊。这是心理上的"目中无人",是一种要不得的恶习。我现在居然也变成了"目中无人"了;但是,我是由于生理上的原因,患了眼疾,看人看不清楚。这同心理上的毛病有天渊之别。

大约在十年前,由于年龄的原因,我的老年性白内障逐渐发作,右眼动了手术。手术是非常成功的。但是随着年龄的增长,我已年届九旬,右眼又突然出了毛病,失去视力,到了伸手难见五指的程度,仅靠没有动过手术的左眼不到0.1的视力,勉强摸索着活动。形同半个盲人。古人有诗句:"老年花似雾中看",当年认为这是别人的事,现在却到自己眼前来了。窗前我自己种的那一棵玉兰花,今年是大年,总共开了二百多朵花,那情景应该说是光辉灿烂的,可惜我已无法享受,只看到了白白的几朵花的影子,其余都是模糊一团了。"春风杨柳万千条",现在正是嫩柳鹅黄的时节,可是我也只能看到风中摇摆着一些零乱的黑丝条而已。即使池塘中的"季荷"露出了尖尖角的时候,我大概也只能影影绰绰地看到几点绿点罢了。

这痛苦不痛苦呢?谁也会想到,这决不是愉快的,我本是一个性急固执有棱有角的人,但是将近九十年的坎坷岁月,把我的性子已经磨慢,棱角已经磨得圆了许多;虽还不能就说是一个琉璃球,然而相距已不太远矣。现在,在眼睛出了毛病的情况下，说内心完全平静，那不是真话。但是，只要心里一想急，我就祭起了我的法宝，法宝共有两件：一是儒家的"既来之，则安之"，一是道家的顺其自然。你别说，这法宝还真灵。只要把它一祭起，心中立即微波不兴，我对一切困难都处之泰然了。

同时，我还会想到就摆在眼前的几个老师的例子。陈寅恪先生五十来岁就双目失明，到了广州以后，靠惊人的毅力和记忆力，在黄萱女士的帮助下，写成了一部长达七八十万字的《柳如是别传》，震动了学坛。冯友兰先生耄耋之年失明，也靠惊人的毅力，口述写成了《中国哲学史新编》，摆脱了桎梏，解放了思想，信笔写来，达到了空前的大自在的水平，受到了学术界的瞩目。另一位先生是陈翰笙教授，他身经三个世纪，今年已经是一百零五岁，成为稀有的名副其实的人瑞。他双目失明已近二十年，但从未停止工作，在家里免费教授英文，学者像到医院诊病一样，依次排队听课。前几年，在庆祝他百岁华诞的时候，请他讲话，他讲的第一句话却是："我要求工作！"在场的人无不为之动容。我想，以上三个例子就足以说明，一个人，即使是双目失明了，是仍然能够做出极有意义的事情。

再说到我自己，从身体状态来看，从心理状态来瞧，即使眼前眼睛有了点毛病，但同失明是决不会搭界的。一个九旬老人，身体上有点毛病，纯属正常；不这样，反而会成为怪事。因此，我只有听之，任之，安之，决不怨天尤人。古书上说：否极泰来。我深信，泰来之日终会来临。到了那时，我既不在心理上"目中无人"，也不在生理上"目中无人"，岂不猗欤休哉！

我现在在这里潜心默祷，愿天下善男、信女、仁人、志士无论是在生理上还是在心理上都不"目中无人",大千世界,礼仪昌明,天下太平,共同努力,把这个小小的地球村整治成地上乐园。

2000 年 4 月 8 日

漫谈"毫不利己，专门利人"

——赠三〇一医院宋守礼大夫

中国是一个最注重伦理道德和个人修养的国家。经过几千年的传承和发展，我们提出了不少的教条。有的明白易行，所以就流行开来。这大大有助于我们社会的发展。

但是有一些教条，提得过于苛细，令人望而却步。比如"毫不利己，专门利人"就是。

我们平常常用"好人"和"坏人"这样的词儿。中学读过的伦理学这一门学科好像也没有给出明确的定义。最后是一笔糊涂账，只能由个人的理解来决定。

根据我自己的观察和实践，我觉得，在现如今社会上存在的成百上千的职业行当中，最接近毫不利己、专门利人这个标准的是医生。病人到医院里来是想把病治好，大夫的唯一的职责是治好病，这就给毫不利己、专门利人打下了基础。

如果我们再把思路放宽，再想得远一点，想到眼前这一群英气勃勃的男女大夫以及护士小姐们当年下决心学医的时候，他们的动机何在？我们医学行道以外的人，当然回答不出来。连他们自己也未必能说得清楚。但是，我认为，倘若拿出毫不利己、专门利人这两把尺子来衡量一下，则虽不中不远矣。这两句短语所表现的，是极高的人生精神境界，是极高的道德规范，还得加上一点天赋，不是唾手可得的，万不可掉以轻心。

理论易找，事实难寻。其实，事实也并不难寻。远在天边，近在眼前。现在坐在我面前的三〇一医院的宋守礼大夫，就是一个活生生的标本。

李恒进大夫

我对李恒进大夫的了解已经写入我的长篇报告兼抒情的文章《在病中》中。我现在再独立叙述一下，作为一个终生难忘的纪念。

在进三〇一医院之前，我们素昧平生，我对他毫无所知。他看了我的手脚上长的水泡，他是个大专家，一看就知道其中隐含着极大的危险性。起初不想收留我。但我赖着不走，大概这就触动了他的医德，终于产生了奇迹，挽救了我的性命。

我对医疗界不甚了了。但是，凭我个人的想法，一个大夫，一个医院至少应当有三个基本条件：医德、医术、医风。中国自古以来就称医病为"是乃仁术"，"仁"者，爱也。一个医生对病人必须有真切的爱心，也可以说是同情心，以病人之痛苦为痛苦，全力以除之。这就是医德，是医生的基础。所谓"医术"，是指医疗的技术，医疗的本领。一个医生在求学期间所着重学习的就是这些技术。光有医德而没有技术是救不了人的。融医德与医术为一体，再辅之以细致谨严、认真负责的作风或者风度，就构成了医风。

此外，我还观察到，李大夫是一个有哲学头脑，深通辩证法的医生，非一般医生所可能及。

在医德、医术、医风三个医疗基础中，医院与医院之间，大夫与大夫之间，水平是决不会一致的。经过四十多天的观察与体验，我觉得三〇一医院是高水平的，可称之为"三高医院"；李恒进大夫是高水平的，可称之为"三高大夫"。

李恒进大夫是我学习的榜样。

2002 年 9 月 21 日

老有所为

新年展望

再过两年,我就要在古稀之后再上十岁了。在古代,这简直是了不起的高寿。然而在今天,在我身上,也不过是微露老态,尚未龙钟的水平而已。看来距离八宝山还有一段路。我还是要向前看的,而且决不会像屠格涅夫的一首散文诗里说的那样——向前看只看到坟墓。

前几年,当我初有迟暮之感的时候,我喜欢说些豪言壮语,什么"人间重晚晴"之类的话常常出现在我的文章中。现在看来,未免有点可笑。人间决不重晚晴。勉强这样说只不过像是深夜旷野独行者的高声唱歌,壮壮胆子,自欺欺人而已。

因此,我现在向前看,不说空话,不在深夜中高声唱歌,只说几句普普通通、老老实实的话,表达我对新的一年的,对九十年代的一点希望。

我有一个坏(好?)习惯,我喜欢同时进行多项工作。我觉得,这样做有很大的好处。干一件事,累了,立刻换一件。这样一来,脑筋就像是新磨的利刃一样锋利无比。用这样的新"磨"的脑筋来思考问题,时有梦笔生花之感,奇妙不可思议。

在新的一年里,在九十年代里,我仍然将一仍旧惯,多项工作齐头并进。

首先是想把进行了多年的吐火罗文《弥勒会见记》剧本的译释工作做一个结束,将来用中英两种文字出版。我正在为这个本子写一篇非常长的导论,我希望明年春天就能够写完。

"在新的一年里,在九十年代里,我仍然将一仍旧惯,多项工作齐头并进。"

第二件工作是给台湾一家出版社写一部《中国敦煌吐鲁番吐火罗文研究导论》，明年必须定稿出版。

第三件工作是继续《糖史》的研究。我对科技甚少通解。这一部书是从文化交流的角度上来写的，已经进行了十多年，写成了一些文章。希望明年就能写完。

我还有一个习惯（好坏不知），喜欢在进行大工作的缝隙里，触景生情，灵机一动，写出一些较短的论文。这种"灵机"是我无法掌握的。有时简直像"踏破铁鞋无觅处，得来全不费工夫"。对于这种"灵机"，我做不出计划。我只虔诚希望，明年和九十年代这种"灵机"多光顾几次。

以上这些话好像是一个平庸而又美妙的梦。但愿这个梦能实现。

1989年12月8日

困难虽在目前，
希望却在将来

我现在越来越感到，回忆比较容易，展望却真难。我简直不知道，从何处展望起。说一些空话、废话，无补于事，于己于人都没有用处。

是不是就看不到任何可以展望的东西了呢？也不是的。我对人类美好前途的信念始终不变。困难虽在目前，希望却在将来。人类、包括我们国家在内，总会越来越好的。我反对那种愁眉苦脸的世纪末的哀鸣。

我的意思也决不是，只要把枕头垫得高高的，安然酣睡，馅儿饼就自己从天上掉进嘴里。我们非要努力不行，而且要十倍地努力。

屈原在《卜居》里高呼"黄钟毁弃，瓦釜雷鸣"。我不敢说，我们的社会就是这个样子，但是难道说一点这样的影子也没有吗？郭沫若说："在'黄钟毁弃，瓦釜雷鸣'的时代，对于瓦釜加以不恤的打击，我以为这也是批评家所当取的态度。"我同意这个说法。

对政界、财界的情况，我若明若暗，不敢赞一辞。我现在近似一个井蛙，我往往只看到学界，学界也是有黄钟和瓦釜的。现在双方都在鸣，但还不一定是"雷鸣"。我觉得，我们的责任是，拿出良心，尽上力量，让瓦釜少鸣，或者不鸣，让黄钟尽量地多鸣，大鸣而特鸣。如果每个人都能做到这一步，则"瓦釜毁弃，黄钟雷鸣"之日必将到来。我们要高呼"猗欤休哉"了。

1989 年 11 月 4 日

祝贺与希望

陈寅恪先生在《陈垣敦煌劫余录序》中说道："或曰，敦煌者，吾国学术之伤心史也。"这真是一语破的，一下子就说到了点子上。陈先生这样说，是完全有根据的。他说："敦煌学者，今日世界学术之新潮流也。自发见以来，二十余年间，东起日本，西迄法英，诸国学人，各就其治学范围，先后咸有所贡献。吾国学者，其撰述得列于世界敦煌学著作之林者，仅三数人而已。夫敦煌在吾国境内，所出经典，又以中文为多，吾国敦煌学著作，较之他国转独少者，固因国人治学，罕具通识，然亦未始非以敦煌所出经典，涵括至广，散佚至众，迄无详备之目录，不易检校其内容，学者纵欲有所致力，而凭借未由也。"

陈先生这篇文章写于1930年，他对当时中国敦煌学之所以薄弱之原因，论述具体而求实，用不着再作什么解释与论证。我只想补充一点：从敦煌藏经洞的发现到1930年，30年中，中国政局极端混乱，改朝换代，军阀混乱，中国学者哪里有余裕，有财力和精力，来"预流"呢？仅有三数人的著作能进入学术之林，已不算少。我们今天要真诚地感谢这三数位学者，他们给中国争得了荣誉。

从1930年以后，中国政局又连续不断动荡不安。日寇侵华，更是火上加油。好不容易盼来了"解放"；然而，由于众所周知的原因，中国知识分子的处境，不是改善了，而是

"在中国,敦煌学的春天已经来到,我焉得不诚挚地祝贺呢?"为促进国内敦煌吐鲁番学的发展,季羡林积极参加1985年(上图)、1992年(下图)吐鲁番学讨论会并发言。

改"恶"了。把知识分子，特别是年纪老的，几乎一股脑儿赶入封、资、修的队伍中，天天在你耳根边口中念念有词，搅得你三魂躁动，七魄不安，把中国从没有的，从西方天主教和耶稣教借来的"原罪"感硬移栽在你的心中。天天批修，时时斗私，哪里有余暇来研究学问。而且敦煌那一些经卷都属于"四旧"范畴，是铲除的对象，而决不是研究的目标。在这样的情况下，欲求中国学者对国际显学敦煌学作出什么贡献，岂非是南辕北辙吗？

从1930年算起，过了整整半个世纪，乘改革开放的东风，中国的老、中、青敦煌学者组建了中国敦煌吐鲁番学会，全国和全世界耳目为之一新。从那以后，我们的队伍壮大了，学术成果增多了，研究水平提高了，国内外的观感改变了。某一些过去瞧不起我们的外国学者也不敢不刮目相看。我们的学者完全能赶得上世界的新潮流，我们"俱通识"的人越来越多，同英、法、俄等国的合作越来越多，他们邀请我们去帮助他们整理、编纂敦煌卷子。在中国，敦煌学的春天已经来到，我焉得不诚挚地祝贺呢？

但是，学无止境，古有明训。我们还有很多不足之处，我们还有很多东西要向外国同行学习。一个新的世纪转瞬即至，值此万象更新之日，我们中国的从事敦煌学研究的学者们，千万不要过早地自满，我们应当勤勤恳恳，扎扎实实，焚膏继晷，努力工作，国内的学者们要团结互助，对国外的学者也要以诚相待。行将见寅恪先生所谓之"伤心史"一变而为"赏心史"。这就是我的希望。

1998年9月18日

团结起来　共同前进
——祝贺中国民族古文字展览开幕

中国是一个多民族的国家，在几千年漫长的历史上，各个民族互相学习，取长补短，共同努力，创造了今天这样的物质财富和精神财富，创造了今天这样灿烂的文明，也创造了我们这个伟大的中华民族。

我们民族多，语言文字也就多。专就文字而论，就很不相同。把我们各民族的文字摆在一起，形式迥异，各极其妙。在今天是这样，在过去历史上更是这样。有的民族有字母，有的只有文字而没有字母，有的在某一段时间连文字都没有。在我国境内发掘出不少的古代文字，使用这些文字的民族有的在名义上早已不存在了，但是他们的文字却保留了下来。从这些古老的甚至已经死亡的文字中，我们还可以学习很多的东西。我们从中可以看出，古代在这个地区曾出现过多么繁荣的经济生活和文化生活，虽然今天可能只是一片荒漠。无论发掘出来的是哲学宗教的文书，还是科学技术的文书，甚至还有政治经济的文书，都能够明白无误地告诉我们当时这个地区的真实情况和这个地方的历史，还能告诉我们各个不同民族互相学习的情况，以及这些民族同外国民族往来的情况。无论在科学技术方面，在文学艺术方面，还是在宗教哲学方面，我们各民族之间确实是交光互影，互相渗透。民族有大小，文化基础有厚薄，作出的贡献有多少，但是总是互相学习，共同提高的。哪一个民族也不能自己吹嘘，只是给予而从不接受。像夜郎那样的国家（民族）毕竟只是极个别的，而且那种自大狂也可能只表现在个别人身上。

我们各民族互相学习的例子，专从语言文字方面来看也是不胜枚举的。比如，几乎所有的少数民族都借用了多少不等的汉字词汇，但是汉语也借用了一些少数民族的词汇。至于字母，有一些学者就认为西藏字母同古代和阗字母有关系。至于蒙文和满文的字母，以及新疆一些古代民族使用的字母，有渊源关系，更是大家所熟知的事实。文字和语言的互相借用，说明民族间文化的交流，说明民族间在各方面的互相学习。这种互相学习、互相理解和互相帮助，就是我们今天立国的基础。此外，我们还可以从这些古代文字的花样繁多上，更深刻地理解到我们的文化确实博大精深。

今天，我们搞一个中国民族古文字展览，决不是在玩弄古董，发思古之幽情，而是着眼于现实。我们是想从文字这一个看似比较小的角度上，让大家了解各民族古代文字的形象，了解它们之间的关系，了解它们所包含的内容，了解与它密切相连的文化，更进一步了解我们各民族间关系之密切。

今天，我们的基本任务是实现四个现代化。完成这样一个十分艰巨的任务，决不是哪一个民族单枪匹马就可以胜任的，它要求我们各个民族比过去任何时候都要更加紧密地团结起来，同心协力，这既符合整个的中华民族的利益，也是与各个民族的利益完全一致的。

我们这个伟大国家的前途，是光明灿烂的。眼前的一些困难，有的是不可避免的，有的是没有经验造成的，一个国家，一个民族,同一个人一样,决不会永远走平坦的道路。道路暂时曲折崎岖,也是合乎规律的。总之,我们要树立信心,认清前途,为实现我们这个多民族的祖国的伟大愿望而共同努力。

1980年9月25日

纪念印度民族运动的伟大领袖甘地

印度民族独立运动的著名领袖莫汉达斯·卡拉姆昌德·甘地（Mohandas Karamachand Gandhi）1869年10月2日生于印度古吉拉特邦卡提阿瓦半岛的波尔班达尔。今年10月2日是他诞生115周年。甘地出身于土邦大臣之家，属班亚（Bania）商业种姓，他的祖父和父亲在卡提阿瓦的一些土邦中当过首相。他的母亲是位虔诚的印度教徒。甘地从小受到宗教的熏陶，这对他后来的"非暴力不合作"思想和策略的形成有很大影响。

甘地幼时在拉吉科特上小学和中学。1887年他中学毕业后升入巴弗纳加尔的沙玛尔达斯学院深造，因为学习有困难而辍学回家。1888年他去英国，在伦敦大学攻读法律。三年后，即1891年，他取得律师资格，返回印度，在孟买和拉吉科特从事律师事务。1893年他应一名印度商人之聘到南非，先后在南非住了21年，中间曾两次回国。甘地在南非饱尝了南非当局的种族歧视和迫害，感受到不平等法律对有色人种的专横，这激发了他反对种族压迫的斗志。他领导那里的印度人开展了反对种族歧视的斗争。在斗争实践中，他初次制定了"坚持真理"的非暴力斗争策略，采取了示威游行、抗议请愿、不服从法令和故意激怒政府以招致逮捕等手段向南非当局进行斗争。这场斗争从1906年继续到1914年，终于取得胜利。南非当局被迫废除了某些歧视印度侨民的法案。

1915年甘地回到久别的印度。他花了一年的时间在各地旅行，了解印度的实际情况。这次旅行使他对印度的农民和工人的生活和思想有了进一步的了解。1917年甘地去比哈尔省的昌帕兰县调查靛青种植园农民受剥削和压迫的情况，在他的坚持下，省政府成立了调查委员会，调查农民的情况，甘地被任命为委员会会员。调查委员会后来提出了一份报告，建议废除当地流行的"三分田"制，为省政府所接受，从而废除了存在将近一百年的剥削农民的制度。甘地认为"昌帕兰的调查是对真理和'非暴力'的一个大胆的尝试"（引自《甘地自传》，商务印书馆出版，1959年，第362页）。这是甘地第一次在印度运用非暴力斗争的策略。

1918年甘地领导了阿麦达巴德纺织工人进行了印度工人运动史上第一次有组织的罢工。甘地采取绝食的方式鼓舞工人坚持斗争。罢工进行了三个星期，获得成功。不久，他又领导凯达县农民进行抗税斗争，迫使政府同意免征歉收农民的口赋。尽管政府实际上没有真正实施这一措施。但正如甘地所说的："凯达的非暴力抵抗标志着古吉拉特农民觉悟的开始，他们的真正的政治教育的开始。"（引自《甘地自传》，第383页）通过这些斗争，甘地同群众的关系密切了，穷苦工农把他看成是他们的旗帜。

1919年是甘地政治思想和政治态度发生转变的一年。在此之前，甘地虽然也反对过英国的统治，并且发动过反对英国政府的非暴力抵抗运动，但他对英国的统治似乎并不是深恶痛绝的。他说："我并不是不知道英国人统治的缺点，但是总的来说我认为是可以接受的。当时我相信，英国人的统治，整个说来，对于被统治的人，是有好处的。"（引自《甘地自传》，第

151页)他认为英国在南非实行的种族歧视"是和英国人的传统背道而驰的,而且(我)相信这不过是暂时的和个别地方的现象"(同上)。他认为英帝国是正义、平等和民主的象征。在南非,当英国人发动波尔战争、朱鲁人举行反英起义时,甘地都站在英国一边,组织救护队为英国效劳。第一次世界大战期间,他又组织印度救护队帮助英国作战。回到印度后,他还向总督申请为英国招募担架队。但是1919年发生的一系列事件动摇了甘地对英国的信念和忠诚。这些事件是:剥夺印度人民民主权利的罗拉特法案的实施,英国军警屠杀集会群众的阿姆利则惨案,以及由英国对土耳其实行苛刻和约而激起的印度穆斯林的基拉法运动。他开始斥责英帝国为"魔鬼"。他发表文章说:"我考虑了30年,得出结论,英国目前的统治方式已证明它是印度的祸根。"他写信给总督说他不会像至今那样同英国通力合作。事实上甘地也是这么做的。他成立了"坚持真理同盟",发动了全国范围的总罢业和罢工,并且发动了反对英国的不合作运动。

1919年国大党阿姆利则年会是甘地积极参加国大党活动并参与国大党决策的开始。甘地说:"我应当认为我参加国大党阿姆利则会议是我真正参加了国大党的政治活动。我出席过去的几届年会只不过是为了要重申我对于国大党的忠心罢了。"(引自《甘地自传》,第423页)年会委托甘地负责修改党章,因为旧党章早已不能适应形势发展的需要。甘地完满地完成了这个任务。1920年8月甘地发动了第一次不合作运动。他号召印度人民退回英国授予的爵位封号,抵制学校、法院和政府机关,提倡土布,抵制洋布。甘地自己退回了英国在南非赠给的三枚勋章。同年9月国大党加尔各答特别会议通过了甘地的不合作运动决议，确立了甘地在党内的领导地位。12月的那格浦尔年会进一步加强了甘地的领导地位。年会批准了不合作运动的决议，还通过了甘地提出的党章修改草案。党章规定，国大党的宗旨是："如果可能的话，是在不列颠帝国范围内达到自治，如不可能，则脱离不列颠帝国而自治。""达到这个目标的手段仍将是和平的和合法的。"（引自《甘地自传》，第436页）为了实现这个目标，国大党还改组了组织机构，在村一级设立基层组织，在省一级设立省委员会。从此国大党便由一个散漫的组织建设成一个群众性的名符其实的资产阶级政党。年会通过的印度教徒和穆斯林团结的决议，取消不可接触制和提倡土布的决议。也都反映了甘地的政治主张。甘地提出的一年内实现自治的口号，更获得了广泛的支持。印度民族独立运动从此进入了以甘地为领袖的新时期。

从1920年起，不合作运动在印度轰轰烈烈地开展起来了。到1921年年底斗争达到高潮。1922年2月，甘地决定在已多利县开展群众性公民不服从运动。正在此时，发生了乔里乔拉事件。在一个名叫乔里乔拉的小村庄里，愤怒的农民为反抗用枪弹镇压他们的警察，焚烧了警察局，烧死了22名警察。甘地认为这是由于一些不了解运动精神的人参加了运动，违反了非暴力原则。于是他决定推迟运动。民族独立运动由此从高潮转入低潮。

此后几年，甘地致力于推广纺纱、提倡土布、抵制洋布、废除不可接触制和开展教育活动等的建设性纲领。他在全国各地旅行，宣传他的主张，实施他的纲领。他规定国大党员必须交纳土布作为党费。这一时期，甘地还积极促进印度教徒和穆斯林的团结。

1928年12月在民族独立运动重新高涨的情况下，甘地再次提出一年内实现自治的要求。遭到英国的拒绝后，他便发起了以废除食盐税为主要内容的公民不服从运动。1930年3月12日，甘地不顾自己年过六旬的高龄，带领78名信徒从阿麦达巴德向西海岸丹地进发，开始了印度民族独立运动史上有名的食盐进军。这次进军，历时三星期，行程240英里，沿途受到群众的热烈欢迎。4月6日他们到达目的地后，便在海边隆重地熬起盐来。这一行动成为点燃全国公民不服从运动烈火的信号，运动如火如荼地在全国开展起来了。5月4日甘地被捕后，运动更加高涨，工人罢工，商人罢市，农民自发地抗税，兵士拒绝向人民开枪，一些工人甚至占领了城市，建立了自己的行政机关。运动持续了一年。到1931年3月，甘地同欧文总督签订了"德里协定"后，运动才逐渐转入低潮。1934年甘地最后下令停止了这次运动。

从1932年夏天起，甘地把精力投入到改善贱民政治地位、废除不可接触制的斗争中。1932年9月他在狱中致电英首相抗议对贱民的不公平的选举待遇，并决心绝食至死，迫使英国政府同意增加贱民的保留议席。他称贱民为"哈里真"，意即上帝之子。他创办了贱民周刊《哈里真》，为废除不可接触制而呼号呐喊。他积极为贱民筹措基金。他还不惜以生命为斗争武器，为哈里真事业而多次绝食。

1939年第二次世界大战爆发后，甘地主张无条件支持英国作战。但不久，英国政府实行强迫印度人组织义勇军、制造军需品、捐款和迫使省议会休会等做法，使甘地改变了初衷。1940年10月，甘地再次发起了公民不服从运动。这次运动是派遣各级国大党领导人到各地发表反战演说，在前一名领导人被捕后，第二名领导人接着前往。他们前赴后继，毫不畏惧。一年以后，几乎各级国大党领导人都被捕入狱，被捕人数达二万五千人。运动实际上停止了。

1941年12月太平洋战争爆发后，日本占领了东南亚各国，战事迫近印度。英国为了加强它在印度的地位和谋求印度更多的支持，于1942年3月派出克里浦斯调查团，同甘地等各党派的领导人会谈。甘地认为克里浦斯调查团提出的方案不能接受，予以拒绝。他认为，为了抵抗军国主义的侵略，必须使英国人退出印度，否则处处受英国的压迫，无法发挥印度本身的潜力。一个"退出印度"的口号在他思想上开始酝酿成熟。1942年8月8日，甘地在国大党全国委员会上发表了有名的要求英国人"退出印度"的演说。国大党全国委员会通过了"退出印度"的决议，要求英国交出政权。但决议刚刚通过，甘地和全体委员在第二天早晨一起被捕，被关押了一年半。在狱中，和甘地共同生活和战斗了60年的妻子卡斯杜白(Kasturbai)不幸病逝，甘地悲痛万分，思念成疾。但是英国殖民者的高压政策阻挡不了印度人民的反英斗争。"退出印度"的口号已经深入人心，成为动员人民、组织人民的物质力量。

第二次世界大战结束后，在世界殖民体系瓦解，印度民族独立运动高涨的情况下，英国政府发布了蒙巴顿方案，宣告实行印巴分治。甘地内心不赞成分治，他一直在为统一的印度而斗争。他认为分治是"精神悲剧"；但鉴于当时的客观形势，他被迫同意接受分治方案。1947年8月15日印度自治领宣告成立那天，甘地在加尔各答绝食一天。进行祷告和纺纱。对于分治带来的教派冲突，甘地忧心忡忡。多年来甘地一直在为印穆团结而努力，当时他更以古稀之年，瘦弱之躯，奔波于各教派冲突的地区，用说服教育以至绝食来制止教派冲突，消除教派仇恨。他决心奉献自己的生命，努力促成印度教徒和穆斯林的和平统一。甘地的这番苦心和种种努力却招来了穆斯林和印度教徒中极右分子的仇恨。1948年1月30日，甘地在德里去晚祷的路上被一名印度教大会党徒暗杀。终年79岁。

甘地把他的一生奉献给了印度的民族独立事业，他是印度民族独立运动的杰出领袖。他相信群众，宣传群众，组织群众，并把他们吸引到民族独立运动的洪流之中。在他之前，印度还没有一位政治领袖像他那样与群众息息相通，紧密结合。他使印度民族独立运动成为一场各民族、各阶层、各党派和各教派广泛参加的群众运动。人们满怀牺牲精神和必胜信心去进行斗争，把监狱当作"朝圣的圣地"。他身体力行，纺纱织布，创办刊物，建设农场和书院，以唤醒同胞，实现自治。他修身苦行，粗茶淡饭，节衣缩食，与群众共甘苦。他在运动中屡次被捕，曾经多次绝食，以血肉之躯激发人民的反英斗志。他主张废除不可接触制。主张实现教派和睦，为此甘愿献出自己的生命。他把国大党改造成为能够领导民族独立运动的群众性政党。他造就和培育了一代国大党的民族独立运动的领袖。他倡导的非暴力不合作思想给印度民族独立运动和国大党以深刻的影响。甘地对印度独立所作的贡献是不可磨灭的。印度人民热爱甘地，崇敬甘地，尊称他为"圣雄"和"国父"。我们中国人民尊敬甘地，还因为他对我国的民族解放战争表示过同情和支持。

甘地不仅是一位杰出的政治领袖，而且是一位杰出的思想家。他的浩瀚的《甘地文集》100卷，汇集了他的政治、经济、哲学和宗教思想的智慧。它们是印度人民宝贵的思想财富。

1948年1月30日晚，尼赫鲁在惊悉甘地遇刺后，通过全印广播电台向印度人民发表了如下演说："光在我们眼前消失了，四周是一片黑暗。……我们视同父亲一般的敬爱的领袖与我们永别了。……这道照亮过我们国家的光是不同寻常的光。许多年来，它照耀着我们的国家，在今后更多的岁月中，它将继续照耀着我们，即使一千年后，它还将照耀着我们，全世界也都将见到它。它将给无数的人们带来安慰。"的确，在甘地逝世以后的三十多年中，印度人民一直深深地怀念着他，世界人民也不曾忘记他。我们今天在这里集会，也正是为了表达我们对他的深切怀念。

1984年8月

以文会友
——记印度与世界文学国际讨论会及蚁垤国际诗歌节

二月和三月，在新德里，正是春光明媚的大好时节，到处花开似锦，绿草如茵，惠风和畅，阳光明丽。今年，有两个大型的国际会议在这时候召开：一个是印度与世界文学国际讨论会，一个是蚁垤国际诗歌节。我参加了这两个会，下面介绍一些情况。

先谈第一个会。

这个国际讨论会是由下面这些单位发起的：印度文化关系委员会、德里大学现代欧洲语言系、大学拨款委员会、印度历史研究委员会、印度社会科学研究委员会、印度文学研究院等六个单位。主其事者是德里大学。这些机构绝大多数都是全国性的，有的有很大的权力，比如说，印度文化关系委员会（ICCR），会长是印度副总统，执行会长是纳扎莱特（Nazareth）。

参加这次会议的国家有：中国、印度、苏联、伊朗、法国、匈牙利、西德、东德、捷克、加拿大、保加利亚、土耳其、意大利、波兰、南斯拉夫、斯里兰卡、尼日利亚、蒙古、叙利亚、古巴、葡萄牙、印度尼西亚等22个国家，共有代表300多人，其中有很多是国际上知名的学者和作家，群贤毕至，少长咸集，真可谓洋洋大观，空前盛会。

代表团中最大的当然是印度。其次就是苏联，共有

20人之多，阵容异常整齐。其中有两个苏联科学院的通讯院士：一个是E.P.切利舍夫(Chelishev)，一个是朋加德·文(G.M.Bongard-Levin)，都是著作等身的印度学家。由此可见苏联对于这次会议的重视。反观我们自己，我真觉得有点不好意思。事前我们对于这次会议了解极少，严格地说，我们一个代表也没有派。我同刘国楠同志是应邀参加诗歌节的，并没有准备参加这个会，也没有哪一个单位委托我们参加。我在国内曾再三对印度驻华使馆的官员声明，我不参加第一个会，只参加第二个会。但是结果却是，由于种种时机的巧合，我们终于被动地参加了。对于这一件事，我并不后悔，而是庆幸。我个人认为，如果我们不参加的话，必将产生一些不利的后果。我们的参加在一定程度上弥补了这个缺失，而且我们还学习了很多新东西，结识了很多新朋友。

开幕式是很隆重的。印度副总统亲临参加致词，外交使节也应邀参加。开幕式以后，讨论会按分会进行。分会共有26个。为了让大家了解整个讨论会的内容，有必要把分会的内容介绍一下：

一、印度和世界文学（史诗） 在这分会中，论文内容讲印度两大史诗与欧洲文学的关系。

二、印度和欧洲文学 印度对现代西方小说的影响，印度文艺理论对西方文学批评的影响。

三、传播着的情节 民间故事的传播。

四、印度和亚洲文学（中国和日本） 古代中国文献中的印度，中国的变文，印度文学对日本文学的影响。

五、印度和世界文学 《五卷书》与世界文学，《沙恭达罗》作为世界文学的一个组成部分。

六、印度和欧洲文学（俄国和苏联） 俄国革命前后印度文学的影响，高尔基与印度。

七、哲学交流 印度对日本早期佛教的影响，柏拉图和爱默生。

八、理论、概念、观点 rasa 论和它的经济的圆满实现。

九、印度和欧洲文学（俄国和苏联） 印度与托尔斯泰，苏联对达罗毗荼文学的研究。

十、印度和欧洲文学（西班牙、葡萄牙、意大利、拉丁美洲） 古巴文学中的印度，印度与意大利文学。

十一、印度和亚洲文学 斯里兰卡、印度尼西亚、老挝、蒙古与印度文学的联系。

十二、汇流 迦梨陀娑作品中的妇女，业报学说。

十三、印度和欧洲文学（法国） 印度对 18、19 世纪法国文学的影响。

十四、印度和波斯文学 波斯古典文学中的印度形象。

十五、翻译中的文学 梵文与世界文学，现代印度文学译为欧洲和印度语言。

十六、泰戈尔和世界文学 泰戈尔与中国、匈牙利，泰戈尔与艾略特。

十七、印度和欧洲文学（法国） 印度和拉封丹寓言。

十八、印度和英语文学 叶芝、艾略特、伊克巴尔。

十九、印度和世界文学（阿拉伯、非洲） 阿拉伯古典文学中的印度。

二十、印度和欧洲文学（德国） 歌德和印度，《薄迦梵歌》与《浮士德》。

二一、印度和英语文学 《薄迦梵歌》和惠特曼的神秘主义。

二二、印度和欧洲文学（匈牙利、保加利亚、捷克、南斯拉夫） 印度与这些国家的文学的关系。

二三、印度和欧洲文学（一般） 德国文学中的佛教影响。

二四、其他文学和传统对印度的影响 欧洲对南印度文学研究的贡献。

二五、翻译中的文学 莎士比亚《麦克白》的印地语译本。

二六、E.M. 福斯特和印度。

以上是二十六个分会宣读和讨论的论文的大体情况。每一个分会平均有论文七八篇，全会共有论文二百多篇。从这些论文中可以看出大会讨论的内容以及地区分布的情况。内容几乎都与比较文学有关。地区分布的情况是：俄苏占两个分会，法国占两个分会，英国一个，德国一个，波斯一个，东欧国家一个，而我们中国只占了半个。以中国与印度文化交流关系之源远流长，却只占了半个分会，其中原因何在？还不值得我们深思吗？

我自己原来并没有准备参加这一个会，我到印度去的目的是参加第二个会。因此我没有准备论文。可是出我意料之外，我竟被指定为一个分会的主席，在我到印度以前，我的名字已经堂皇地印在日程表上。这个分会就是我上面介绍的第四个分会，内容是印度与中国和日本的文化关系。论文宣读、讨论完以后，我原以为，我的历史使命已经完成。可没想到，听众中有人提出倡议，让我讲一讲，而且是任意（freely）讲。我当仁不让，讲了讲中印文化交流的关系，特别是中国、印度、伊朗、埃及和其他阿拉伯国家在沙糖制造方面互相学习的历史，这是我正在研究的一个课题。事后听人说，群众是比较满意的。

为什么印度政府和学者、作家想起召开这样一个会呢？印度总统的祝词中透露了其中的消息。他说，在把各个国家联系在一起的工作中，文学占重要的地位，研究文学有利于保卫和平，促进相互了解。至于为什么以"世界文学"命名，我说不清楚。讨论会的主持人之一、德里大学现代欧洲语言系系主任茅里亚（Maurya）在他的文章中引用了马克思、恩格斯《共产党宣言》中的一段话："过去那种地方的和民族的自给自足和闭关自守状态，被各民族的各方面的互相往来和各方面的互相依赖所代替了。物质的生产是如此，精神的生产也是如此。各民族的精神产品成为公共的财产。民族的片面性和局限性日益成为不可能，于是由许多种民族的和地方的文学形成了一种世界的文学。"不知出于什么考虑，茅里亚既没有提马克思和恩格斯这人名，也没有提《共产党宣言》这书名。不管怎样，他大概认为，"世界文学"这个词儿的出处就在这里。

据我所了解到的，"世界文学"这个词儿最早的出处不是《共产党宣言》，而是比这一书早21年的德国大诗人歌德的一次谈话。艾克曼博士的《歌德谈话录》中记载着：1827年1月31日，歌德在读完中国小说《风月好逑传》以后对艾克曼发表意见，赞美中国小说严守道德和礼仪。他认为，《好逑传》绝对不是中国最好的小说，意思就是，中国还有更好的、更有代表性的小说。他接着说："诗是人类的共同财产。……民族文学在现代算不了很大的一回事，世界文学的时代已快来临了。"（朱光潜译本，第113页）可见歌德得到"世界文学"这个概念，是中国文学启发了他。我们也不要忘记，歌德对印度文学也是非常欣赏的。他的杰作《浮士德》在结构方面就有意模仿印度戏剧。这一点，我们的印度主人似乎没有注意到。

总之，歌德是使用"世界文学"这个词儿的第一个人，而他发明这个词儿又是同中国和印度文学密切相联的。如果当年歌德没有接触到我们两国的文学，他也许根本想不到这个词儿。我认为，"世界文学"这一个十分简单的词儿包含着重大的意义。它已经冲破了欧洲人的自古代希腊和罗马以来的古老的文学传统，而把一向对他们陌生的东方文学，主要是中国、印度和阿拉伯文学包罗进来。它大大地开阔了人们的眼界，它给近一百多年以来蓬勃兴起的比较文学开辟了道路。

事实上，在这次国际讨论会各分会上宣读、讨论的论文中有不少是与比较文学有关的，比如《印度史诗与欧洲文学》《希腊、罗马文学中的印度》《〈神曲〉与〈薄迦梵歌〉》《民间故事的流传》《薄伽丘〈十日谈〉中一个故事的印度来源》、《〈五卷书〉与世界文学》《印度对中国文学的影响》《印度与高尔基》《印度与托尔斯泰》等等，这样的论文还可以举出很多来，以上几篇只是几个例子。因此，如果我们说，这次国际讨论会是比较文学的讨论会，也决非夸大。

自己既然参加了这一次的讨论会，有所闻，有所见，当然会有所感，其中甚至还有一些感慨。我感触最深的是，我们对印度的研究，其中包括对印度文学的研究，太不重视了。印度是一个世界大国，人口之多仅次于中国。虽然还属于第三世界，国内有不少问题亟待解决；但是它历史悠久，文化发达，在最新科技的某些方面有显著的成就，又同我国是邻居，有几千年的友好关系。可是我们眼前对印度的研究，实在微不足道；在这方面的信息，实在少得可怜。同苏联一比，只能承认是相形见绌。我只举一个小小的例子。在会上，一位苏联的通讯院士告诉我说,他访问印度前后共有26次之多。一年有时候到印度二三次。我们怎样呢?像我这样一个研究印度语言、文学,年龄超过那位苏联院士将近20岁的人,也只在25年的长时间内到印度访问过4次。还有不知道多少研究印度问题的人根本一次也没有到过印度。这样,我们的研究成果会受到极大的限制,这不是很自然的吗?

其次,我还有一个关于语言的感慨。在这次讨论会上,我碰到了很多国家的专家、学者,英文都讲得非常流利。还有不少人同时能讲印地语。我们中国怎样呢?多少年来,参加过国际会议的国内学者几乎都有一个共同的感觉:我们的外语远远没有过关。在这一次国际讨论会上,就曾出现过由于语言障碍而产生的尴尬场面。在我国对外开放政策的指导下,我们参加国际会议的机会将会越来越多。为了避免这种不愉快的场面,我热诚希望,我们的青年和中年学者,不管研究的是哪一门学科,都要用最大的努力来掌握外语,特别是英语,英语实际上已经成了"世界语"。是时候了,如果现在还不急起直追,将来的后果真不堪设想,有些人真要"老大徒伤悲"了。

现在谈第二个会议:国际诗歌节。

我们应邀来印度参加的正是这个国际诗歌节。但是在国内时,不管是我,还是任何别的人,都对这个诗歌节毫无所知。填表时,我连发起单位这一栏都无法填写。真可以说是仓卒上阵。只在到了印度以后,才开始有点明白。

这个诗歌节的发起者有下面这些单位和个人:印度文化关系委员会、印度国大党(英·甘地派)的总书记、诗人和小说家室利甘提·梵尔玛(Shrikant Verma)。看来真正主持会议的是梵尔玛。印度文化关系委员会的执行会长纳扎莱特只起协助作用。

参加诗歌节的国家有：中国、印度、巴西、保加利亚、加拿大、智利、古巴、赞比亚、加纳、希腊、匈牙利、冰岛、印度尼西亚、牙买加、日本、肯尼亚、南朝鲜、马拉维共和国、马来西亚、墨西哥、新西兰、挪威、秘鲁、新加坡、苏联、土耳其、美国、乌拉圭、南斯拉夫等29个国家。其中南美和非洲代表人数相当多，这与一般的国际会议不同。印度本国各邦参加诗歌节的诗人有30名。在所有的诗人中，颇有一些是蜚声世界的。

诗歌节的开幕式，似乎比第一个讨论会还要隆重。印度副总统首先到会。隔了一会儿，印度总统又在十分严肃的气氛中来到。副总统走上前去迎接总统，然后大会正式开幕。许多国家的使节都应邀参加。摄影记者和职业摄影者更是蜂拥而至，争相拍照，寸步不让。整个会场里，气氛活跃而又隆重。大会上规定的讲话讲完以后，从加拿大、加纳、秘鲁、希腊和新西兰等国家来的几个诗人朗诵自己的诗篇。还唱了一首从《梨俱吠陀》第十篇129颂里选出来的诗。国际诗歌节的活动就算是正式开始了。

根据印度主人给大会拟定的日程表，诗歌的朗诵按诗歌的主题和次主题来进行。主题只有一个，叫做"诗歌：永恒的声音"。诗歌是发现着自己的人类灵魂。诗歌是永恒的、普遍的。它的传统要比书面记载早得多。蚁垤国际诗歌节想把全世界各地来的诗人相互介绍，并把他们介绍给诗歌爱好者。次主题有五项：

一、人民群众的声音　在这个次主题的指导下，朗诵与口头文学传统相结合的诗歌。

二、寂寞的声音　异化、失掉同一性、个人心中积存的快乐与悲哀，都要求诗人要"鸣"。在这个次主题的指导下，朗诵的诗歌都带有个人的色彩。

三、抗议的声音　在这个次主题的指导下，朗诵的诗歌都带有抗议的色彩，反抗压迫，不管是政治的压迫、经济的压迫、社会的压迫、文化的压迫，统统要反抗；不管是个人的压迫，还是集体的压迫，统统要反抗，还反抗痛苦与灾难，反抗死亡和破坏的力量。

四、失望与希望的声音　我们所处的这个世纪是一个多难的世纪，面临着自我怀疑和焦虑。但是它又是个充满了希望的世纪。失望与希望是现代诗歌的两股交互代替的潮流。作为个人的诗人表达了个人的或集体的希望与失望。在这个次主题的指导下，朗诵的就是这样的诗篇。

五、其他的声音　诗歌是难以分类的。有的诗人不愿意归入这一类或那一类。所有这样的诗就在这个次主题的范围内朗诵。

诗歌朗诵的内容大体就是这个样子。

至于朗诵的地方，不是在美轮美奂的大厅里，而是在露天下，草地上。前一个会是学者的会，这一个会是诗人的会。诗人同学者是不一样的。诗人不把自己关在屋子里面，点名发言，鞠躬如也。他们冲出大厅，就在尼赫鲁总理故居的大草坪上，用白布搭了一座凉棚，在大自然的怀抱里，纵声朗诵，把诗人的兴会发挥得淋漓尽致。但是，诗人们认为这样还太拘束，还没有做到像泰戈尔那样与大自然合为一体；他们干脆走出凉棚，找了一块碧绿的草地，在大树和棕榈树下，坐到地上，相向朗诵自己的诗篇。外国诗人先用自己的母语朗诵，然后译为英文。英文在这里，同在前一会上一样，成了所有参加者的媒介语言。此时，惠风和畅，阳光明丽，大小鸟类在上面枝头上歌唱，诗人们在下面草地上朗诵，上下和鸣，一片天籁，连根本不是诗人的我也飘飘然心头诗意盎然了。

在尼赫鲁故居的草坪上，应该说诗人们的兴会已经发挥得很像样子了。但是还没有发挥到极限。超过这一次草坪诵诗的是一次草坪夜宴。国际诗歌节主人之一的室利甘提·梵尔玛国会议员，在自己的花园里宴请各国与会的诗人。这座花园比起尼赫鲁故居的要小一点，但是实际上也够大了。中间是一片草坪，三面是参天的大树。电灯光从下面照上去，照到树顶的下面。树顶是暗黑的，上接更为暗黑的天空。下面则是灯火通明，人影如织。诗人们围坐在成排的小桌旁边，饮着各种名酒，吃着美味可口的菜肴，谈天说地，评古论今，当然也谈论诗歌。一个长胡子的老诗人忽然站了起来。手里拿着一瓶香槟酒，亲自打开，酒从瓶子里喷出来，高达数尺。他走到我跟前，给我斟了一杯，立刻有几个人围上来，其中有那个能讲德语的女诗人，大家一齐举杯，高呼："为了诗歌！"并热烈祝贺老诗人的生日。一直痛饮到深夜，大家才依依不舍地离开那里。这一夜就成了我一生最难忘的一夜。

参加国际诗歌节的诗人们，肤色不同，国别不同，语言不同，风俗习惯不同，政治信念也不同。但是，也有共同之处：大家都想保卫世界和平，促进相互了解。连语言也有一个共同的：英语。《诗经》上说："嘤其鸣矣，求其友声。"大家到印度来是想发声的。从这一点上来看，这次诗歌节是开得非常成功的。正如这次节日的次主题第四项中所说，我们这个世纪是一个多难的世纪，有失望，也有希望。我是一个乐观主义者，我充满了希望。但是，我决不否认失望的存在。只要全世界的诗人们，全世界的人民，同心协力，保卫和平，摒除失望，增强希望，我坚决相信：人类的前途是光明的，愿与天下仁人志士共勉之。

1985 年 3 月 26 日写完

一点希望
——致《文字改革》

中国文字改革委员会一成立，我就参加了工作。30年来，我做的工作不多，只是在一段时间内参加简化汉字的工作，殊无成绩可言。

我觉得文字改革工作是牵涉中国人民，特别是汉族人民的千秋万代的巨大事业，我们这个工作其意义是十分重大的。因此，自己能参加这个工作，我认为是十分光荣、值得骄傲的事情。我热诚期望工作能贯彻下去，取得彻底的成功。

我当然也有一些想法，特别是在汉字简化问题上。简化汉字成绩极大，这一点首先必须肯定。但是我不知道，是否有人主张越简越好、越多越好，把简看成是至高无上的原则。如果有的话，则很值得认真讨论一下。我觉得，我们对现已公布的简化汉字宣传不够有力，贯彻不够彻底。根据我自己的观察，我还没有遇到任何一个大学教授、一个领导干部、一个作家、一个新闻记者——这些都是天天同文字打交道的人，能够完完全全按照国务院颁布的简化汉字表来进行写作。我自己很惭愧，我是30年的文改会委员，又是经常舞笔弄墨的，但是我写的稿子中经常有一些不符合简化汉字表的写法。有时候，我也意识到这一点，但是旧习惯很顽强，我心里想：让编辑人员，甚至排字工人师傅，去替我规范化吧。我暂时偷懒一下吧。我这种心理，别人未必没有。许多有识之士忧心忡忡，想在报纸上写文章呼吁，要求领导干部题字时注意简化标准，但是文章好像没有写。我并不认为领导干部或者书法家题字、写字时一定非严格按照国务院颁布的简化表不可。写中国字是一种艺术，作为艺术品写几个繁体字也用不着大惊小怪；但是这个原则不能扩大化，普遍化。我们写文章还是应该严格遵照简化字表；如有疑问，则应随手翻阅，像我那样想让别人来代劳的做法，是不可取的。然而，要做到这一步，就必须大力进行宣传，大量发行简字表。听说简字表已经发了不少，但显然还不够。

这就是我的一点期望。

1985 年 7 月 14 日

纪念陈寅恪教授国际学术讨论会闭幕词

我想讲三点意见。第一是对大会的评价。

我听了许多先生的谈话，他们都认为这次会是成功的会。我认为这反映了客观实际。我们过去在开完会后习惯讲什么"团结的大会"、"胜利的大会"，好像一个俗套。但今天我们要说会议是成功的，并非俗套，而有事实根据，这主要表现在：

一、认识了会议的重大意义。许多先生都持同样看法。在来参加会议之前，我并没有认识到会议的意义有多大，经过两天多的会议，认识到这个会的意义非常大。

二、各抒己见，畅所欲言。这次小组会分两个组，每组的讨论都各抒己见，大家有什么意见都讲出来了，畅所欲言，大家没有什么保留。中央的政策就是要大家讲话，这是一个了不起的变化。这个良好的会风是成功的一个标志。

三、我们对陈寅恪先生的了解加深了。我从30年代就开始听陈先生的课，陈先生的著作几乎都拜读了。可我对陈先生的了解同三天之前比，不是量变，而是质变，对陈先生的了解加深了。

四、以文会友，以友辅仁。我们有以文会友的优良传统，我们的文是陈先生的学术，以学术会朋友。许多先生的著作我都读过，名字听过，可未见过，而这次都见到了。参加这次会的是老中青学者，这次我们认识了，我相信以后我们还是朋友。

五、小组会的形式灵活。过去我们在国内开会，小组分得很死，指定名字把人员固定到一个小组，这次我们采取自愿的形式，这样的形式好。

以上五点说明我们的会是成功的，不是一句空话。这个评价是我自己的评价，同时参考了许多先生的意见。

第二，对陈寅恪先生学术或者对其整个人的看法。

就我所听到的，几乎所有到会的人都认为陈先生是个大学者、一代大师，他融合中西，学贯古今，博大精深，爱国，才、学、识等都具备。其中一些学者也有些疑问。刚才黄约瑟先生谈到历史唯物主义问题，但未讲下去，我是否理解错你的意思。陈先生在解放后对马列主义史学是什么态度，这是一个问题。这个问题在"文革"前提出，我没有异议，陈先生不是一个马克思主义者，可现在我则不敢说。郭沫若先生、范文澜先生、翦伯赞先生这几位马列主义史学家对中国历史的分析判断，和陈先生对中国历史的分析判断，根本区别究竟何在？这很简单，过去可以说，有没有阶级观点，有没有以阶级斗争为纲，就是区别。阶级本身很复杂，我并没有否定马克思主义的意思。近来我有些偏见，对理论毫不感兴趣，因为碰钉子太多了。但我对一个理论信服，即马克思主义理论。马克思的《资本论》中的"剩余价值""劳动价格与价值"的理论，我觉得分析得细致入微，很能说服人，讲历史的生产关系和生产力发展的矛盾，这能说服人。我认为，只有马克思主义的基本理论才是理论，我不是否定马克思主义，我是否定教条的马克思主义。现在的理论太多了，如果搞一点考据有人则瞧不起你。陈先生从未标榜自己是马克思主义者，但在会上的报告中间，占一半的先生认为陈先生有朴素的唯物主义、朴素的辩证法，这

季羡林对陈寅恪先生非常敬重，曾三次到中山大学参加纪念陈寅恪教授的学术讨论会。图为季羡林（前排右八）参加1994年的学术讨论会，会后全体与会人员合影留念。

就与马克思主义有相通之处，这可能高了，但我说不出高在哪里。世界学术史上，不管社会科学、人文科学还是自然科学，一个学者如果是实事求是的，有良心的，他就必然是唯物主义者。一个人标榜自己是马克思主义者，他可能是马克思主义者，也可能不是。他不标榜自己是马克思主义者，但可能是唯物主义者。我们总讲陈先生实事求是，实事求是就是唯物主义。关于陈先生和马克思主义的关系，我建议，史学界的先生们，将前面所谈到的郭老、翦老、范老等几老对待一个简单问题的分析，和陈先生的分析研究一下，看看究竟差别在何处？是不是除了马列主义之词句以外，就没有什么东西了。如果陈先生的方法实事求是，马列主义也应实事求是，那么对一问题的研究不会产生两种可能。我认为值得研究。

第三，我们今天从陈寅恪先生那里究竟能学习什么东西。

我们开这个会，有的先生不远千里而来，有的不远万里而来，说明我们开这个会意义重大。汪荣祖先生讲得好，我们现在只是开始，不是终结。我现在主要对青年学者讲几句话，我们应该考虑一下，通过这个会，我们，特别是青年学者从这次会中应学到什么东西。中国有句老话，"长江后浪推前浪，世上新人换旧人"，这是一个自然规律，社会发展规律，社会永远不能停留在一个地方，所以我们任何人，都只能是环节中的一环。打一个比喻，跑接力赛，我们跑一阵，把棒递给你们，你们再跑下去。我听说有的青年人开玩笑说，要打倒老家伙。我现在说，你们不要打倒我们，否则等你们年龄大了，别人也要打倒你。我们手里都有接力棒，谁也不是开始，谁也不是终结。可是我们承认，年青人比我们好，否则人类就不能进步。我们走在前边，年青人在后边跟来。你们一定要超过我们，不超过我们，原地踏步走，踏两万年也不能进步。因此，我对年青同志讲，将来我们把棒交给你，你要跑了，将来你要交给你的学生，你应该比我们强。我们应该为你让路，创造机会，不能做绊脚石，老人容易保守，但年轻人要警惕骄傲，要互相学习，谁也不要打倒谁，老的学者要为年青人开路，做先锋，年轻人要认真学习老人的优点。

我谈一谈超越问题。超越陈先生并不简单。整个社会是在发展，是在前进，这是一般的情况。但是中间应该有一些例外，一般来讲，后人要超越前人，但是那些高峰、巨人在某些方面是超越不了的。主要原因是环境不允许再出那样的人。马克思讲希腊神话有永久的魅力，理由在此。陈先生是学术巨人，在他的范围之内无法超越，原因就是我们今后不可能再有他那样的条件。总的倾向是可以超越的，但又不可以超越。我同意汪先生的观点，又可以超越，又不可以超越。

我个人认为通过这次会，年轻人可以向陈先生学习的东西，可归纳为六句话：

一、不泥古人，不做古人的奴隶。陈先生不做古人的奴隶，我希望年轻人也不做古人的奴隶。

二、跟上时代。陈先生最大的特点是"预流"，"预流"就是跟上时代潮流，每个时代有每个时代的新学问，王国维先生也是这样讲的。他讲有新材料有新学问，新材料是主要的，但我认为完全归于新材料上也不一定准确。每个时代有每个时代的潮流，学者应赶上潮流，赶不上潮流，则要落伍。要预流，必须跟上时代。陈先生是跟上时代的，现在的时代潮流我说不清楚，主潮是什么东西，我谈不出。现在有一个不好的现象，名词多，内容少，新名词是必要的，问题是吸收外来东西，光吸收名词不行，重要的是吸收内容。现在的年轻人应踏踏实实，学术要讲道德，自己不懂的不要愚弄别人。现在有很多人写文章时，引别人的书不讲出处，这是不好的学风。

三、实事求是。它牵涉考证问题。我受了些影响，喜欢考证。陈先生的绝大部分文章是考证。对考证如何看是一个问题，现在的年青人最讨厌考证。胡适先生非常注重考证。读书，首先要看懂，考证，有时是看懂的必要手段。研究任何问题，特别是历史，必须要走的第一步是要看懂文章，看不懂文章，任何现代的主义都没有用，要看懂文章，非要考证。年青的同志对考证不要讲得太神，也不要全盘否定，这条路是不能逾越的，否则出笑话。

四、独辟蹊径。前人走的路你不要走，一定要开辟新道路。陈先生在他涉足的领域都有新见解，而且他写文章有一个大的特点，没有水分，开门见山谈问题，花言巧语他不讲。

五、关心时事。对陈先生很难得，他非常关心时事，当我们解放初一边倒时，陈先生写诗表示忧虑。当原子弹上天时，陈先生非常兴奋，他认为我们有力量摆脱外国人的控制。

六、热爱祖国。这一点很清楚，用不着多说。

以上几点都是陈先生身上具备的，也是我们应该向陈先生学习的。

1988 年 5 月 28 日

祝贺《外国语》创刊十周年

我是《外国语》的忠实的读者。创刊十年以来,我几乎每一期都读过。我从里面学习了不少的东西,那是不在话下的。我个人感觉到,在中国的外语界,上外的《外国语》、北外的《外语教学与研究》和广外的《现代外语》,宛如三峰鼎峙,光彩辉映全国。现在,《外国语》十周岁了,我表示衷心的祝贺,祝它长寿。如果说还有什么遗憾的话,那就是,这三个刊物都应该扩大篇幅,增加分量。

我想借这个机会谈一谈外语教学总结经验的问题。解放后进行外语教学工作,已经40年了。同解放前对比一下,会产生什么结论呢?我们有什么样的经验和教训呢?一想到这一些,我头脑里就有矛盾。40年来,我们在教学计划、教材和教学法三个方面所做的努力,远非解放前所能比。但是成绩怎样呢?我们培养了不少杰出的外语人才,这谁也否定不掉。但是,在解放前,像北大、清华这样的大学,学生看英文原著,基本上是不成问题的。外语系的学生听外籍教师用英文授课,也可以说是不成问题的。然而现在怎样呢?每一个大学都建立了庞大的公共外语(主要是英语)教研室,投入了很大的力量,教学生英语。结果只能培养一些半生不熟的人才。这当然与中学教育有密切联系,不能光怪大学。

专就大学本身而论,我们外语界的同仁们都能回想起来,40年来,我们在教学计划、教材和教学法三个方面付出的劳动量之大，已经无法计算了。这三个方面几乎年年都在变。随时有新精神、新办法从天外飞来，旧的一套刚刚实行，新的一套又来敲我们的大门。而且，据说什么事情都要搞群众运动，这是真理。在这三个方面，我们年年都在搞群众运动。新精神一来，校（院）、系、教研室三级立刻行动起来，学习，体会，讨论，再学习，再体会，再讨论。焚膏油以继晷，恒兀兀以穷年。把个新精神、新办法体会得天花乱坠，人人兴奋，个个争先。然而，一转瞬间，新的就为更新的所代替。我们又要重新学习、体会、讨论了。到了今天，我们有一些人已经垂垂老矣，然而，在教学计划、教材和教学法方面究竟留下了多少切实可行的东西呢？这不很值得我们三思吗？

在祝寿之际，本来不应该说这些有点泄气的话，然而如骨鲠在喉，一吐为快。我相信，只要认账，教训是可以成为经验的。

1988 年 9 月 24 日

《历史研究》创刊三十五周年祝词

《历史研究》创刊三十五周年了。第一任以郭沫若同志为首的编委到现在剩下的也没有几个人了。我有幸是其中之一，既感光荣，又多感慨。三十五年的风风雨雨，我们这个刊物走过了漫长的道路，但总起来看，是经受住了考验的。谁都知道，这并不容易。

从最近几年的大学招生情况来看，历史科学越来越受到冷落。我们从事历史科学研究的人当然不会无动于衷。但是原因何在呢？又有不同的说法，是历史科学不重要吗？当然不是。历史科学的用途何在，自古以来中外学者就争论不休，至今也还没有人人都承认的结论。对于历史的研究方法，意见也有分歧。在这方面，我自己走了一个中间道路：过去的传统方法，比如历史考据之学等等，我既不全盘接受，也不全盘否定。近若干年来，中外新兴起的研究方法，我对它的态度也是如此。这种态度不是迹近滑头吗？恐为仁人志士所不取。但是我却觉得这是正确的态度。

为什么青年学生不愿意学习历史呢？其中原因很多，出路恐怕是重要的一个。有的人认为历史无用，也是重要原因。我个人一向认为，历史是有用的。我们伟大祖国的社会主义建设，没有历史知识能行吗？我们研究古今中外历史，甚至各专门学科的历史，都能直接或间接地为这个伟大目的服务。比如自古以来常讲的鉴古知今，就非常有道理。历史循环论是站不住脚的。但是我记得马克思在什么地方讲过，历史上一些现象有时会重演。只是这一条不就很重要很有启发吗？

我个人觉得，我们今天研究历史，不能说已经很好很好了，没有什么事情可做了。事实完全不是这个样子。我们今天对古今中外的历史都研究得很不够。鲁迅先生从前提倡过写流氓史、娼妓史等等，我认为他的意见很有道理，可是这样的书我们已经都有了吗？我们社会主义建设牵涉到的问题异常繁多，个个问题都需要有点历史的认识，工作才能事半功倍。否则就会走弯路。比如人口问题、土地利用问题等等，都是历史上有过而今天仍亟待解决的问题。这些方面我们都做了吗？没有，至少是做得很不够。我很希望，特别是中、青年史学工作者能够扩大视野，开阔胸襟，放眼世界，面向未来，既有继承，又有发展，对旧的研究课题要继续深入探讨，又要注意开发新的领域、新的课题，使我们的史学园地真正万紫千红、五彩缤纷。

至于对本刊的期望，也无非是老生常谈：百花齐放，兼容并包（反动的不在此列）是最正确的方针。我们过去在一定程度上做到了这一步，今后还应加强。

总之，我认为，历史科学是有光辉灿烂的前途的，我们的《历史研究》也是有光辉灿烂的前途的。我们从事这门科学研究的老、中、青年，都不要泄气，而是要鼓足干劲。这就是我的希望，也是我的信念。

1989 年 6 月 26 日

《文史知识》百期祝词

我承认,我对《文史知识》有所偏爱。但是我的偏爱不是没有根据的。

很多年以来,我每月都收到大量的杂志。由于数目过多,我真正认真去阅读的,读得很仔细的,只是其中的极少数。《文史知识》是其中之一。这不能不说是一种偏爱。

偏爱的根据何在呢?

我先谈一点印象。我对《文史知识》的印象可以用八个字来概括:严肃、庄重、典雅、生动。我想,不用我解释,大家也会明白的。多少年来,社会上风浪叠起。然而我们的《文史知识》却始终保持住自己的严肃庄重的风格,不为外物所动,决不刊登追逐时髦的文章,也从来没有登过一篇满篇怪异术语令人如丈二和尚摸不着头脑的文章。我们的文章是谈学术的,有的还非常专门。然而我们的刊物上几乎没有刊登过烦琐、冗长、枯燥乏味的高头讲章,也没有见过以艰深饰浅陋的文章。比较深奥的学术问题,读来总是娓娓动听,意味盎然,亲切动人。这是难能可贵的。

从过去的一百期上可以看出来,我们的作者面相当广。这样广的作者,何以文风又如此地比较一致?我们也没有像从前的《语丝》《新月》《学衡》等等那样,是一个同人刊物。一个同人刊物,文风比较一致,是容易理解的。但是我从来没有听说有什么"文史知识派",我们不能算是一个同人刊物。然而表现出来的却真像是一个同人刊物。作者几乎都是认真、严肃的,文章几乎都是典雅、生动的。这也是难能可贵的。

现在办刊物的人,几乎没有一个不叫苦的:纸张贵,订数少,倘不"下流",则无法招徕顾主。可是我们的《文史知识》据说读者群是比较稳定的。这表明,一方面,读者是有水平有眼光的,另一方面,我们的路子是对的。并不是所有的读者都只能欣赏"大美人",或者只读"什么河惨案"。读者中确有认真严肃想求得文史方面的新知识的人。我认为,这又是难能可贵的。

我们评论文学艺术之类的东西时,常常用两句现成的话:阳春白雪,意思是曲高和寡;下里巴人,意思是合乎人民大众的口味,因而受到广泛的欢迎。我们的《文史知识》却是曲高而和不寡;能满足人民大众中一部分人的需要,又不过分浅显。可以说是融阳春白雪与下里巴人于一体。这更是难能可贵的。

我在上面说的话几乎是一曲赞歌。我们不是常讲要一分为二吗?一分为二是真理,这里为什么没有了呢?我坦白承认,我再三推敲,对于这个一我实在分不出二来。限于我的水平,我目前只能做到这个程度,这要请读者原谅,我将继续推敲而且追索。

最后,我想提一个建议。我们讲的"文史",我看主要是指中国文史。就算是中国文史吧,它现在已经不限于中国一国,而是成了一门世界性的学问。因此,我们是不是可以适当刊登一些世界其他国家讲中国文史的文章或者研究动态。这将有利于开阔我们的眼界（我们现在的眼界是非常不开阔的），增长我们的知识，加强对外部信息的了解，最终提高我们的研究水平。

1989 年 7 月 17 日

一点希望
——致藏学研究中心

在全世界范围内，藏学已经浸浸成为显学。欧、美、日本许多大学里都设有专门研究机构，对西藏的历史、宗教、语言、文学、民俗、艺术等等，进行深入细致认真严肃的研究，已经取得了累累的成果。世界各国研究佛教者几乎更是非通藏文不行，因为藏文里保存了大量印度梵文佛典的译文，原文已佚，汉译佛典中也找不到，不通藏文，研究就难以进行。这是一种非常可喜的现象。

藏学的根源当然是在中国西藏。我国藏族有长久的文化传统，藏学研究也有悠久的历史。汉族学者中也有不少对西藏的语言、文字、宗教、历史发生兴趣的。近若干年以来，他们写了大量水平很高的专著和论文。这当然又是一种非常可喜的现象。

同世界各国研究藏学的水平相比，我们当然是占优势的。但是，我们也有不足之处。对此我们决不能实行鸵鸟政策，或者视而不见，这是自欺欺人的行为，为我辈所不应取。论藏文使用水平，外国学者当然不如我们。但是论辅助条件，论科学的研究方法，则外国藏学者又往往超过我们。我们决不能夜郎自大，故步自封，鹪鹩饮海，井蛙观天。这样是决无进步可言的。据我个人的看法，我们最大的弱点是对于国外研究情况不甚了了，信息极不灵通，甚至连想了解的愿望都没有。国外藏学研究的专著和杂志也十分不全。这是非常危险的，是阻碍我们科学研究进步的。当今之计，我们必须广通声气，急起直追，而且需要汉藏两族的学者密切协作，携手共进，取长补短，互相学习，决不能划地为界，自立营垒。能做到这一步，我国的藏学研究就能大踏步前进，为这一门学科开辟新天地，大放异彩，无愧于我们伟大国家的声望和地位。

1990 年 10 月 20 日

诚挚的祝贺 热切的希望
——祝贺《中华人民共和国学位条例》实施十周年

今年1月是《中华人民共和国学位条例》实施十周年。我从一开始就参加了这项工作，自谓有足够的感性认识，能比较深刻地了解它的重要意义。现在就在这个了解的基础上，表示我诚挚的祝贺。

这个中国历史上空前的条例，在过去十年内，起了巨大的作用。这一点有目共睹，用不着我再费词宣扬。它加强了旧学科的改造与更新；它促进了新学科的建设；它弥补了过去学科建立中的空白点；它扩大了学科点的分布面；它在国家教委和两个科学院的高等学校与科研机构的范围以外促成了全国学科的建设；它调动了全国科研单位和广大知识分子的主动性与积极性。总之，它对我国社会主义建设人才的培养，作出了重要的贡献。

除了祝贺以外，我还想提一点希望。学位制度、导师制度同科研机关和高等学校的职称评定工作一样，成绩是主要的，这一点决不容抹煞。但是，里面也决不能说一点问题都没有。我个人认为，问题表现在两个方面：一是单位与地区间的不平衡；一是个别单位掌握过宽。上述这些制度的目的无非是想调动大家的积极性，这一点可以说已经做到了。但是，如果掌握标准不平衡或者过宽，则会反过来影响一部分人的积极性。这种消极的现象在过去确已出现，在报纸上和人们的谈话中，时常能够读到和听到。前不久，国务院学位委员会召开会议的前几天，我收到了一封匿名信，附有一份从报纸上剪下来的文章，信和文章讲的都是对评定教授职称过滥提出的批评，也讲到评选博士生导师时不够严格的情况。我相信，这不是个别的意见，应该引起我们的重视。

因此我希望，我们学位委员会，还有国家教委，以及有关的高等学校和科研机构，在实施学位条例时，要掌握得严一点，再严一点。这决不会有什么坏处，反而更能调动大家的积极性。

1990 年 12 月 25 日

在"纪念北京大学《歌谣》周刊创刊七十周年暨俗文学学术讨论会"上的讲话（摘要）

我对于民间文学是个外行。钟老对我很推心，找我参加。后来段宝林同志也找我。今天本来有一个比较重要的活动，再三请我参加，我推掉了，而是到这里来。我感到很高兴，见到了很多多年不见的人，而且还有我的老师。钟老是我的老师，杨堃教授也是我的老师。

我不想讲那么多话，只想讲两点比较实际的。第一点是歌谣的用处。刚才几位同志都讲了，我看了些文章，大家都强调歌谣对文学创作的用途，其中有一条讲的是采风。封建社会里的采风，实际上是搞民意测验。它也反映了一点真正的民意。现在我们国家反映民意的渠道很多，如各级人民代表大会。它们是反映了民意。是否全面？恐怕也不是。所以对我们今天的新歌谣还是要采一采风。前段日子王蒙在《随笔》上写了一篇文章《也算下情》，里边讲到：最近两三年有些顺口溜很流行，话说得不太好听："一等公民是公仆，子孙后代都幸福；二等公民搞承包，吃喝嫖赌全报销。"下边还有，我就不说了。这里边恐怕是流露了一定的真情。搞研究我想是应该重视搜集这些歌谣的，不用担心，"良药苦口利于病，忠言逆耳利于行"，没什么坏处。

还有一点：我想现在的大学，像北京大学、北京师范大学，都有中文系，每个大学都应办出自己的特点。国外是这样，每个大学都有自己的重点，有重点的系，重点的系里有重点的学科。解放后我国大学对于文学的研究，我想北大是一个重点，还有武汉大学、杭州大学、四川大学、中山大学、复旦大学、南京大学……像俗文学，我很孤陋寡闻，我想是否北大是一个中心，北师大有钟老在，也是一个中心，别的大学就不清楚了。现在在座的都是搞文科的，我想以后我们的教育经费的投入不要搞得太平均，对重点系、重点学科应重点支持。教委也在抓重点学校，这很有必要。

1992年12月17日

在昆明"郑和研究国际会议"上的发言

主席！女士们！先生们！各位外国贵宾！

承蒙云南昆明市领导同志邀请，我同北京的一些同志们来到了昆明，参加"首届郑和研究国际会议"，感到非常高兴，非常光荣。我要向主人们表示衷心的感谢。

对我来说昆明并不陌生。我第一次到昆明，是在1955年。当时郭沫若先生率领一个庞大的中国代表团到印度新德里去参加亚洲国家会议。代表团中有很多著名的学者、作家、演员、艺术家等等。我们是从香港乘飞机到达新德里的。开会期间，发生了著名的"克什米尔公主号"飞机被炸事件。中国政府为了全团人员的安全，不让代表团再经由香港回国，而是商请印度政府派军用飞机送我们到昆明。这就是我第一次来到昆明的原因。这一次访问给我留下了毕生难忘的印象和回忆。

以后又来过几次。1962年，全国人大代表和政协委员来云南视察工作，我有幸参加，在云南住了两个多礼拜，访问了西双版纳和大理。我对云南的印象更深了，更美好了，更难以忘怀了。回北京以后，我曾写过一篇名叫《香橼》的散文，歌颂思茅，歌颂云南。

在云南老一辈的学者中，我也有很多朋友。已故的著名白族史学家方国瑜教授，现在健在的著名的诗人和史学家马曜教授，等等，都算是我的朋友。我敬重他们的道德，羡慕他们的学问。中国古代论人，道德文章并重。这些云南的学者，在这两个方面都是非常出色的，都是我学习的榜样。

总起来说，无论是从自然环境来说，还是从人物来说，云南都是高水平的。我想借用唐代王勃的两句话，来形容云南，这就是"物华天宝，人杰地灵"。这两句话，云南是当之无愧的。

讲到正题，讲到纪念郑和的活动，我就没有多少话可说了。郑和是中国历史上，甚至世界历史上一个伟大的人物。云南和中国有了郑和，是一件十分可以骄傲的事。可惜我并非研究郑和的专家。年轻时候，曾涉猎过一些有关郑和的著作，法国伯希和对郑和研究的著作，中国郑鹤声教授搜集的关于郑和的资料，以及中国和外国学者关于郑和的论文我都读过。这些书籍和论文讨论的问题当然很多，但是归纳起来不外下列几项：郑和出使的目的，郑和出使的次数和郑和出使所产生的影响。对这些专门问题，我没有资格发表什么意见。不过，最近我读了《郑和研究》1993年第3期潘群和王建成两位先生的《明初政治与郑和初期航海动因》，我觉得这是一篇好文章。他们的结论是：明政权建立之后，东南沿海地区存在着威胁明朝统治的"海上力量"，它直接影响明帝国与南洋、西洋地区各国的友好关系。关键在三佛齐一地。所以必须用武力与政治相结合的办法来解决三佛齐问题。这结论是合情合理的。

我个人认为，研究郑和航海，应当多研究其结果、其影响，而不必过分探讨其动机。其结果、其影响有目共睹，是加强了明与南洋、西洋各国的联系，我们迄今仍蒙受其利。

现在云南同我国各地一样，正在加强建设，一手抓文化，一手抓经济。文化、经济相辅相成，缺一不可。缺一则两败俱伤。几年前我在日本东京一次演讲会上说过：文化、经济，殊途同归。今天我想重复这一句话。纪念郑和活动属于文化范畴，其结果必然表现在经济建设上，这是正常的。

祝云南文化和经济双丰收。

谢谢大家！

1993年9月19日

《齐鲁文化特刊》创刊祝词

《齐鲁文化特刊》创刊了,我祝它长命千岁!

前几年,弘扬中华优秀文化的号召一经提出,立即受到了海内外华人、华侨、华裔的热烈响应。原因十分明显:时光的车轮现在正滚到了20世纪的世纪末。垄断世界文化的西方文化已呈强弩之末之势。在下一个世纪,代之而起的必将是以中国文化为基础的东方文化,只有东方文化能够使人类文化继续发展下去,已成为东西各国有识之士的共识。我们甚至可以说,只有东方文化,特别是其中的天人合一的思想,能够拯救人类。在今天,这也并非耸人听闻之谈。

怎样来发扬中华优秀文化呢?其道多端。从宏观上以高屋建瓴之势综论全国56个民族共同创造的文化,发扬其精华,扬弃其糟粕,以有利于中华民族的前进,并有利于世界人民的发展。这是一条道路。这方面已经刊出了不少的专著和论文,材料翔实,内容丰瞻,说理切中肯綮,论证合乎逻辑。这些专著和论文受到了海内外人民的赞赏。

这无疑是一条阳关大道。

第二条道路是把文化分学科、分门类来加以论证,比如文学史、哲学史、科技史、文化教育史等等,以至于更细小的分类。在这方面也有不少的脍炙人口的论著。

这也无疑是一条阳关大道。

第三条道路是分时代来加以论证。或按历史分期,或按中国的朝代。二者都是可行的，并无高下之分。这方面也有极其优秀的论著。

这当然也是一条阳关大道。

道路的数目并非到此为止。最近若干年来，我经常考虑一个问题，就是对文化分地区来加以论证和探讨。在这方面已经有人着了先鞭，比如巴蜀文化、楚文化、云南一些少数民族的文化等等，都已有了专书。这样做，自有其优点：容易细致和深入。本地人了解本地文化，真是近水楼台。如果每一个地区都这样做了，整个的中华文化的研究水平，必然会大大地提高。这一点用不着解释。

这是不是一条阳关大道呢？我认为，是的。而且是阳关大道中的阳关大道。

齐鲁文化在整个中华文化中占有特殊的地位。这个事实是每个人都会承认的。因此，我有充分的理由，祝贺《齐鲁文化特刊》的创刊。

我祝它长命千岁！

1994年1月23日

《国学研究》第二期祝词

祝贺《国学研究》第二期出版。

想谈几点意见：第一，前不久接到吴江同志的信，附有他在上海《文汇报》上发表的关于国学问题的文章。接着我就接到了上海《文汇报》直接给我的信，要求我参加国学问题的讨论。我都还没有答复。如果答复的话，我就会说，我不参加讨论，也不赞成讨论。像国学这样的题目，难以讨论。想给国学下个定义，永远也不会有结果，永远也不会有大家都同意的定义。社会科学同自然科学不一样，定义很难下。与其在下定义上下工夫，莫如切切实实地读一些书，切切实实地思考一些问题。根据自己的认识去钻研，去探讨，有了心得，就成文成书。这比争定义，说空话要好得多。

第二，学术与政治的关系问题。这是一个老掉牙的问题。我们过去讨论了几十年，有人也吃过苦头，现在不必谈了。但是，最近几年来，我逐渐觉悟到，二者之间实有密切的联系。我举一个具体的例子。对于王梵志的诗，中外敦煌学研究者颇不乏人。个别的中国学者研究成果发表后，外国一个国家的学者很不满意，准备组织班子，汇集文章，大张旗鼓地加以批评或者批判。后来项楚先生的《王梵志诗校注》及时出版了。那个国家的学者一经读到，大为叹服，于是宣布解散班子，停止批判。如果项书不出，批判的结果一发表，不怀好意者就会立即同中华人民共和国挂上钩。这样一来，一个学术问题立即变成政治问题。因此，在今天世界上，学术实在脱不开政治。我们时刻想到这一点，会促使我们更加努力，更加小心翼翼。不管我们研究的是国学的哪一个部门，我们都必须认识到学术与爱国主义的关系，决不能掉以轻心。

第三，关于21世纪将是东方文化占统治地位的世纪。国外也有一些有识之士有这样的主张。我在最近几年来写过长长短短的几篇文章，宣扬这种看法。特别是东方文化中"天人合一"的思想，我认为是中国对人类杰出的贡献。在香山饭店的一次国际学术研讨会上，我做过一个很短的发言，题目就是："只有东方文化能拯救人类"。我对此点深信不疑。但是，这是一个极大的题目，而且涉及未来的21世纪。原来我也同别人争辩过。现在我的做法变了。我想到中国过去有一个近视眼猜匾上的字的笑话。一个近视眼说，匾上是什么什么字。但是此时匾还没挂出来。21世纪就是一个还没挂出来的匾，匾上的字是什么，谁也说不准。如果有人愿意猜，那是可以的，每个人都有这个权利。但是不必争辩，争辩是徒劳的。我们最好学一学京剧《三岔口》，每个人耍自己的枪刀，但谁也碰不着谁。

1994年8月23日

祝《长江画报》创刊

过去,在很长的一段时间内,大家总都认为:中国古代文化起源于黄河流域。这个说法不能说没有道理,黄河流域确实孕育了我们的古代文化。

但是,黄河流域果真是唯一的一个孕育古代文化的地方吗?

最近几年来的考古发掘工作证明了,中国南方一些地方,比如说浙江、云南等地,还有属于古代楚国的一些地区,都曾有过辉煌灿烂的古代文明。从这些考古发掘中,人们必须得出结论:中国古代文化的发源是多元的,而不是一元的。南方,同北方一样,对中国古代文明也曾有过重要的贡献。这是从地域上来讲。从时间上来讲,我们同样也必须改变旧观念。过去号称5000年的中国文化,现在必须拉长了,拉到6000年,甚至更长的时间。从现在的情况推测起来,中国古代历史,不管是从地域上来看,还是从时间上来看,都不能封顶。地域将会越来越扩大,时间将会越来越拉长。这些都将是无法改变的事实,是不以人的意志为转移的。

前不久,在一次历史学家的会上,我曾根据我在上面说的这种看法,建议重写中国通史,颇得到一些同行们的赞同。中国古话说:"人同此心,心同此理。"这两句话无疑是完全正确的。

现在《长江画报》创刊了。顾名思义,当然是要报导有关长江的情况。云雨巫山、惊险三峡等等，当然会在报导之列。我在上面讲的南方文化，特别是楚国文化，是不是也可以加以重视，加以报导呢？如此，则功德无量矣。

祝贺《长江画报》的创刊。祝它繁荣昌盛，长命千岁。

1994年11月26日

关于《四库全书》

——写给《读书》杂志的两封信

一

今天写信,只有一个目的,就是谈一谈《读书》上发表的诗、文讽刺挖苦《四库全书存目丛书》的问题。你们是消息灵通人士,关于《存目》和另外一套类似的丛书的关系和产生过程,不会不知道。最早想出出《存目丛书》的主意的是中国东方研究会的刘俊文教授,这里面就有了一个先来后到问题。有人再想出《存目丛书》,就应该慎重考虑是否妥当。我不懂专利法,这里大概没有专利的问题,但是我们文化人似乎应该考虑一个道义问题。然而事实上却不然,双方唱起了对台戏。我方并没有登台。

《存目丛书》的产生过程就是这样,之所以造成目前这种局面,《存目》方面无咎可辞。

至于《四库全书》和《四库存目》是怎样产生的,文章已多,我不必重复。总之,在乾隆直接的主持下,动员了一大批雇员和学者——光是学者就有四千多人——可说是倾全国之力,完成了这一部大书。乾隆的政治目的是司马昭之心,路人皆知。编纂者在个别地方有所删削,这也是事实。鲁迅先生曾谈过这个问题,称之为"四库残书",也不能说毫无根据。但是到了今天，几百年过去了。事实证明了《四库全书》还是有用的。台湾商务印书馆影印了文渊阁本的《四库全书》，上海古籍出版社又在大陆上转印，一销而光。如果没有用的话，为什么有人出钱买呢？我们是动机与效果统一论者，社会效果起决定作用。

根据我个人的经验和体会，我觉得《四库全书》的用处或者功绩表现在两个方面：一个是查起来方便，我最近写《糖史》，很多资料就来自《四库全书》，我不管春夏秋冬，不顾酷暑严寒，几乎天天跑一趟北大图书馆，主要的吸引力就来自那里的《四库全书》。

第二个功绩是《四库全书》保留了一些如果不搜集在一起就会散佚的古籍，关于这一点，王绍曾先生在《光明日报》上发表的文章论之详矣，请你们参看一下。

我们现在搞的《四库全书存目丛书》，就是当年由于种种原因，没有收入《四库全书》的那一大批书。详情无法在这里叙述，我们坚决相信，《存目》会起到同《四库全书》一样的作用。

我有点博士买驴的意味了，说了半天，还没有谈到主题。我的主题就是你们杂志上连续发表的妙文和妙画。我不理解为什么有几件对弘扬中华民族优秀文化极为有利的事，你们偏偏出来唱反调。

中华人民共和国有言论自由，但也有反讽刺挖苦的自由，在法律面前人人平等。我本来想充当一次哑巴，现在已经逼到哑巴头上，不说话不行了。我且以小人之心度君子之腹，我总怀疑，你们并不知道什么叫《四库全书》。你们不妨驾临图书馆去翻阅几分钟，这样总比闭着眼睛瞎说要好，这样也能保护你们自己的面子。我还有进一步的猜度。当前有三"大"，可你们挖苦讽刺了《四库存目》和《传世藏书》，对那一个最大的"大"却只字不提，原因究竟何在呢？是你们不知道吗？还是有不可告人的隐秘？

本来还想写下去的，但信确已太长了，最后我想问一句：你们有没有勇气把我这封信在《读书》上作为"读者来信"发表？

祝

好

1995年2月16日

二

昨天早晨写了一封长信，有渎清神，心甚不安。但是，我如骨鲠在喉，一吐为快，不得不写，不过我自觉吐得还不够。昨天既然吐过了，今天不妨再继续倾吐。我们相识也有些年头了，把我的想法吐给你们也是应该的。

我今天不再买驴了，开门见山，只谈"续修"《四库全书》的问题。

谈到"续修"，我举双手赞成。如果我是千手千眼佛的话，我会把一千只手都举起来，但是，关键问题不在修不修，而是怎样"续"修。既然讲"续"，我不妨先谈一点"续"的对象《四库全书》本身修的情况，这情况知道的人并不少，但是我总觉得当今有一些人，与这件事有关的人知道得不够，还有点不深刻，所以我再重谈一下。

乾隆皇帝亲自干预《四库全书》的工作，几次下诏向全国各地征书，于乾隆三十八年设"四库全书馆"，任刘统勋、于敏中等十六人为总裁,副总裁十四人,下设"总阅处"二十二人。"总纂处"五十三人,以纪昀、陆赐熊、孙士毅为总纂官,以陆费墀为总校官,设局誊抄,任官督促监造,参其事者共四千四百另三人,包括全国著名学者戴震、邵晋涵、周永年、王念孙、任大椿、俞大猷、翁方纲、朱筠、姚鼐、卢文弨等三百七十余人。用了十年的工夫,才综编抄录第一部,每书前冠"提要"一篇。一个封建帝王,不管是出于什么动机,修《四库全书》竟然动用了许多大学士(宰相)和全国学者来从事这件工作,用力何其巨,考虑何其周详!我们今天已经"换了人间",是社会主义大国,我们要干这一件大事,实应该动员十倍的力量,考虑应该周详到一千倍,其结果才可能"尽如人意"。这是明摆着的事实,难道还需要详细论证吗?

可是——一个天大的"可是",我们今天想干这一件大事的一些学者们还有一些什么们,只想动用极少的人力,不管是为了什么目的,似乎有点仓猝上马。我实在有点忧心忡忡!

谈到"修",我认为至少应该包括两项工作:一是选书,二是写提要。乾隆以后出了多少书,我没见过统计,不知道有多少,但是其量极大,这是可以肯定的。从这浩如烟海的书中选出一小部分,纳入《续修四库全书》,需要极大的人力、物力,最重要的还有学力。应该动员全国的知识界的力量,包括港、澳、台学者的群策群力,方克有成。少数几个人就想包揽这件工作,"自信"不是太强了一点,野心不是太大了一点吗?中国古话说"人贵有自知之明",我希望有关人士仔细考虑一下,为了中国,也为了你们自己。

再谈写"提要"。《四库全书》提要,我自己读了不少,我自认有资格讲话,不是空口说白话,总之,一句话,我认为纪晓岚等写的"提要"是惊人的,非仔细通读全书是写不出来的。内容有分析,有比较,指出缺点,点出优点,连原书中引文错误的地方都一一指出。像纪晓岚这样的人,我们现在不可能再出,不是我们聪明能力不够,而是所骛太多,不能像纪那样专一。尽管《提要》中还有缺点和错误,已经有许多学者,比如余嘉锡等指出,然而其功是不可泯的。今天我们写提要,必须超过纪晓岚,唯一的办法就是群策群力,乾隆动员四千人,我们动员四万人,在群众讨论的基础上,由真正的专家来执笔。这样水平才能有保证,现在只有少数一部分人来承担,其中风险,不问可知矣。

总而言之,续修《四库全书》是万分应该做的工作,但必须十分慎重考虑,决不能不管是出于什么动机,就仓猝登台。登台唱了好戏是"了不得",戏唱砸了就"不得了"。照目前这样的做法,我很担心,将来有下不了台的一天,勿谓言之不预也。

信又已经写得太长了,我并不要求你们现在就发表这一封信,我只是想把我的想法告诉你们一声而已。这样一封信在国内眼前是发表不了的,其中原因,你知我知。但是我仍然想发表,至于如何发表,现在先不必说,信中并无泄露国家的机密之处,没有辫子可抓。我只是感觉到文化学术界这样的一件大事,事关我们全体的名声,我不能不说几句话,私心不能没有一点,但是主要出之公心。

又渎清神,再请原谅

祝

好

再附上一首从前听过的"诗":

  人道上台好,
  今朝我上台。
  要知下不去,
  何如不上来!

1995 年 2 月 17 日晨

原载《读书》1995 年第 5 期

在北大外院语言学研究所成立大会上的（书面）讲话

各位来宾、顾问、何校长、老师们、同学们：

北大外院语言学所成立，我作为名誉所长本是要到会的，也已经准备参加并讲话的。但因眼睛现在看不见，要到同仁医院做眼科手术，医生刚来了周五做手术的通知，我只好等眼睛再现光明时再和大家见面了。好在诸位同行我也都认识，同学们也还有常见面的机会。

语言学所的成立是一件喜事，但我想关键是要在外语方面作出成绩来。北欧的语言学家叶斯珀森写了 *English grammar*，即《英语语法》，成为英国人承认的英语权威，中国也有个例子，高本汉，虽然他有的地方过时了，但赵元任、罗常培、李方桂三大家联合起来翻译高本汉的著作，胡适之对高本汉非常佩服，反过来，我们研究日、韩语言让日本人、韩国人钦佩也是能做到的。为什么中国人拿不出来让外国人承认的外语权威成果呢，别人能做到的我们也能做到。所以，最重要的是拿出成绩来，别的都是次要的。

当年陈寅恪应刘文典教授书，出对联，对对子，是个很有名的公案。这就是汉语的特色。他也讲过，要想把汉语搞清楚，就要把和汉语同语系的语言搞清楚，这才能知道汉语是怎么回事。对对子，西方语言无法对，只有汉语。从前我建议过，应该开个诗律课，讲韵律。清华已开了。中国诗平声、仄声，这个东西是汉语的特点。汉语的艺术性就表现在这个地方。如果语言艺术不行，怎么研究古典文学。过去我们写文学史，讲艺术性，必须讲韵律。对对子，韩国就有，很有意思。赵杰你在韩国时，不知遇到过没有。吃饭时让你对对子。咱们中文系的教授到韩国，人家让你对对子，你"丈二和尚摸不着头脑"，不丢人吗？！说韩国精通，那过分，但他们懂韵律。在东国大学开会时，他们就出对联，让我们对。如"孙行者"对的不是"祖冲之"就是"胡适之"，都对。因为"祖孙"对，"胡孙"对，"之者"对，"行冲适"都是动词。周祖谟先生对出来了，他有家学渊源。

说到语言研究，应该强调多语。中国社科院的语言所应改名为中国语言所，不是光研究汉语。同样，我们外语学院这么多系，研究水平比中文系差一大截，这不能否认。外语我们要多学，但汉语我们自己也糊里糊涂，所以搞外语的也要加强汉语。

谈到理论，现在外国的语言理论老在变，索绪尔、乔姆斯基等。外国的文艺理论那么多，语言理论也那么多，为什么我们中国人拿不出来？其实中国有最好的条件，56个民族。索绪尔、乔姆斯基、叶斯珀森哪个懂汉文呢？所以，我们根据汉文研究理论就很有意义。汉文和西方语言不一样，为什么不出自己的理论呢？比如56个民族，好多语系的都有。最近我看了一本德文写的有关朝鲜语言的书，说朝鲜语在全世界中的语系归属至今还没定出来。中国的语言研究有条件，而且有很好的条件。赵杰自己就不错，懂满语、汉语、韩国语，问题是怎么能够有创新的看法。

说到外国语的研究，胡壮麟研究转换生成语法，那是外国新的理论。东语这方面，外国新理论我们懂不懂？英德法西印欧语系理论已有，是个怎么专研的问题，首先看人家有什么成果。东方语言许多还没定论，比如韩国语系属还没搞清楚，日本民族从南边来还是从北边来？阿伊努才是本地。像美国印第安人那样。同样，把有关的语言拿来进行比较研究，才能抓住汉语的特点，比如单音节等。

赵杰担任所长，外院选人准确，也应该，因为他中文是内行，受过中文语言学的严格训练。语言所成立是个良好的开端，成立后要努力，一切事情只有努力才能成功。不能光讲空话，也不一定要写大本书，写短的语言学文章，有见解也好。什么叫成功？天资，努力（即勤奋）加机遇等于成功。我相信语言学所一定能成功！

2000年4月6日下午口述于朗润园，李玉洁协助整理

新世纪开始时我想做些什么

新世纪即将来临。常言道："一日之计在于晨，一年之计在于春。"一世纪之计在于开始时，我有什么"计"呢？没有什么新计，仍然把 20 世纪未完成的工作继续下去，具体地说，就是继续写《中国佛教史·新疆卷》中的一章"龟兹与焉耆的佛教"。

《中国佛教史》是汤一介教授和我共同主编的大型的共有十二卷之多的一部书。市场上中国佛教史可谓多矣。但是严格说起来都只是"汉族佛教史"，不能冠以"中国"二字。汉族只是中国 56 个民族中之一族，不能代表所有的民族。为了纠正这个偏颇，山西人民出版社下定决心，出版一套真正的"中国"佛教史，在我们辽阔的祖国内，凡是与佛教信仰有关的民族都包罗无遗。这一个简短的说明，就能透露出其中的重要性。我们承乏主编，努力从全国佛教学者中选聘对某一个民族，某一个地区的佛教史最有研究的专家学者，共襄盛举。我们希望能穷数年之力，写出一部与我们伟大祖国以及这个伟大时代相当的真正的名副其实的中国佛教史。

2000 年 12 月 21 日

封笔问题

旧日的学者,活到了一定的年龄,觉得自己精力不济了,写作有困难了。于是就宣布封笔。封笔者,把笔封起来,不再写作之谓也。

到了什么年龄,封笔最恰当?各个人、各个时代都不同。大抵时代越近,封笔越晚。这与人们寿命的长短有关。唐代的韩愈到了50岁,就哀叹而发苍苍,而视茫茫,而齿牙摇动。看样子已经到了该封笔的时候了。

我脑筋里还残留着许多旧东西,封笔就是其中之一。我现在虽然真正达到了耄耋之年,但是,我自己曾在脑袋中做过一次体检,结果是非常完满。小毛病有点儿,大毛病没有。岂止于米,相期以茶,对我来说,决不是一句空话。在这样的情况下,封笔的想法竟然还在脑筋里蠢蠢欲动,岂不是笑话!

我不能封笔。

再环顾一下我们的生活环境。从全世界来看,中国的崛起已成定局,谁也阻挡不住。十几年前,我就根据我了解的那一点地缘政治的知识,大胆地做了一个预言:21世纪是中国的世纪。虽然遭到了不少人的反对,我却坚持如故,而且信心日增,而且证据日多。

总之,从全世界形势来看,对中国来说是一个伟大的时代。我怎么能封笔!

再从我们身边的生活来看,也会看到空前未有的情况。我

"岂止于米,相期以茶,对我来说,决不是一句空话。"2006年,老友林庚为季羡林所题祝词。

们的行政领导人是完全可以信赖的。我们真可以说是政通人和、海晏河清。

我不能封笔。

像我这样的老知识分子，差不多就是文不如司书生，武不如救火兵。手中可以耍的只有一支笔杆子。我舞笔弄墨已有七十来年的历史了，虽然不能说一点东西也没有舞弄出来，但毕竟不能算多。我现在自认还有力量舞弄下去。我怎能放弃这个机会呢？

我不能封笔。

这就是我的结论。